Thomas Hohensee

Der Weg des Lebenskünstlers

Thomas Hohensee

Der Weg des Lebenskünstlers

Gelassen und kreativ durch jede Krise

nymphenburger

MIX
Papier aus verantwortungsvollen Quellen
FSC® C014496
FSC
www.fsc.org

Schutzumschlag: www.atelier-sanna.com, München
Satz: Birgit Veits
Gesetzt aus: 10,3/14,0 pt. Sabon
Druck und Binden: GGP Media GmbH, Pößneck
Printed in Germany
ISBN 978-3-485-01355-0

www.nymphenburger-verlag.de

Inhalt

Die fünf Eigenschaften eines Lebenskünstlers

Lebenskunst in Vollendung

Seit ich vorhabe, diese Geschichte zu erzählen, begegne ich ihr überall. Als ob es keine andere gäbe. Dabei ist es zwanzig Jahre her, dass ich sie zum ersten Mal gehört habe. Seitdem habe ich sie nirgendwo mehr gefunden – und nun plötzlich dauernd. Da die Geschichte so ungewöhnlich ist, habe ich sie nie vergessen. Hier ist sie:

Ein Mann streift durch die Wildnis. Mit einem Mal stößt er auf einen Tiger. Erst ist er für einen Moment starr vor Schreck, dann beginnt er, um sein Leben zu laufen. Der Tiger bleibt ihm auf den Fersen. Die Flucht des Mannes endet am Rand einer Klippe. Seine Lage scheint aussichtslos: vor ihm ein Abgrund und hinter ihm der Tiger. Da bemerkt er, dass an einer Stelle des Abhangs wilder Wein rankt. Er erkennt seine Chance, klammert sich an die Weinranken und lässt sich an ihnen hinab. Fauchend schaut ihm der Tiger nach.

Immer weiter klettert der Flüchtende hinunter. Als er etwa in der Mitte angekommen ist, schöpft er Hoffnung. Da packt ihn das Entsetzen: Am Fuße der Klippe wartet ein weiterer Tiger auf ihn. Aber es kommt sogar noch schlimmer: Zwei Ratten – die eine weiß, die andere schwarz – sind dabei, die Zweige, an denen er hängt, durchzunagen. Der Mann kann nun weder hinauf- noch hinabklettern und es wird nicht mehr lange dauern, bis die Ratten den Wein durchtrennt haben. In dem Moment sieht er, dass dicht neben ihm wilde Erdbeeren wachsen. Sie sind reif, duften aromatisch und sehen saftig aus. Er pflückt eine, probiert sie und denkt: »Wie köstlich!«

Wie die Geschichte weitergeht, ist nicht bekannt. An dieser Stelle ist sie zu Ende. Das Wesentliche scheint bereits mitgeteilt. Immerhin ist der Schluss sehr ungewöhnlich. Es ist nicht eben normal, dass sich jemand in so einer Situation für den Geschmack von Erdbeeren interessiert. Mehr noch: Obwohl in unmittelbarer Lebensgefahr, scheint der Mann die Frucht zu genießen.

Zugleich zeichnet sich in dieser Parabel eine Lehre ab, die jeden etwas angeht. Sie hat bei näherem Hinschauen mehr mit dem eigenen Leben zu tun, als es zunächst den Anschein hat. Zwar wirken einige Elemente der Erzählung exotisch: die Wildnis, die Klippe und vor allem die Tiger. Das hat mit unserem Alltag wenig zu tun; und doch erfasst die Parabel unsere Daseinsbedingungen in perfekter Weise. Auf der einen Seite die Geburt, auf der anderen der Tod. Trotz moderner Medizin und Hebammentechnik ist die Geburt immer noch ein blutiges, dramatisches Ereignis. Es beinhaltet Risiken und löst starke Emotionen aus. Am Ende wartet der Tod auf uns. Die Darstellung in Form eines Tigers ist zwar eine besonders starke Dramatisierung, aber viele Menschen fürchten den Tod in ähnlicher Weise, wenn sie an ihr Ende denken.

Der erste Tiger stellt aber nicht nur die Geburt als das anfängliche, dramatische Lebensereignis dar. Die Ebene, auf der sich die Flucht zu Beginn abspielt, symbolisiert die Vergangenheit. Der Tiger steht für die Teile unserer Lebensgeschichte, die wir als bedrohlich empfinden und an die wir uns jetzt kaum zu erinnern wagen. Der Blick zurück kann starke Ängste auslösen. Vergangene Erlebnisse können einen verfolgen.

Der Fuß der Klippe steht für die Zukunft. Auch der zweite Tiger hat nicht nur eine einzige Bedeutung. Er steht für den kommenden Tod, aber ebenso für alle Befürchtungen, die wir in Bezug auf die Zukunft hegen.

Die Mitte zwischen Klippenrand und -boden symbolisiert die Gegenwart. Die Gefahren liegen in der Vergangenheit und in der Zukunft. Der gegenwärtige Moment dagegen bietet relative Sicherheit. Man kann sich von den Tigern abwenden und das Leben genießen, indem man so etwas Erfreuliches wie Erdbeeren entdeckt. Obwohl potenziell in einer lebensbedrohlichen Situation, ergreift unser Held die Gelegenheit, pflückt eine Frucht und sie schmeckt köstlich. Das ist es, was ich Lebenskunst in Vollendung nenne; denn wie leicht ist es, die Chancen der Gegenwart zu verpassen; wie schnell vergisst man, sich des Lebens zu erfreuen, obwohl dies möglich wäre; und wie oft denkt man stattdessen ausschließlich an die Schrecken der Vergangenheit oder fürchtet die Zukunft und den Tod.

Das Leben bietet viele verschiedene Erfahrungen: schöne und schreckliche, gefährliche und harmlose. Man kann sich entweder der Vergangenheit, der Zukunft oder der Gegenwart zuwenden. In jeder dieser Zeitdimensionen findet man sowohl Positives als auch Negatives. Man hat die Wahl, womit man sich näher beschäftigen will.

Die Vergangenheit birgt nicht nur Erschreckendes oder gar Traumatisches, sondern auch unzählige erfreuliche Erinnerungen. Blickt man auf das Angenehme zurück, verwandelt sich der Tiger in eine Katze. Dasselbe ist möglich, wenn es gelingt, das Unangenehme nicht zu dramatisieren. Oft macht man aus einer Katze einen Tiger oder aus einer Mücke einen Elefanten. In diesen Fällen ist es hilfreich, das Ganze wieder umzukehren. Alles Negative kann zum Ausgangspunkt für etwas Besseres werden. Die Vergangenheit mit anderen Augen zu sehen und damit zu verwandeln, bietet eine große Chance.

Die Zukunft bringt nicht nur am Ende den Tod, sondern eine lange Reihe glücklicher Momente, wenn man sein Bewusstsein dafür öffnet. Indem man die Aufmerksamkeit auf die erfreulichen Aspekte richtet, verliert das Kommende seinen Schrecken. Andernfalls kann es die Gestalt eines gefährlichen Tigers annehmen. Vergangenheit, Gegenwart und Zukunft sind nicht automatisch gut oder schlecht. Es kommt darauf an, was man daraus macht.

In der Parabel stellen die wilden Erdbeeren zunächst nicht mehr als eine Gelegenheit für mögliches Glück dar. Erst indem die Person ihre Hand danach ausstreckt, wird die Gegenwart köstlich. Nur so entfaltet sich das Potenzial des Augenblicks. Die Geschichte scheint uns also nahezulegen, in der Gegenwart zu leben. Das ist in der Tat vom Grundsatz her empfehlenswert. Dennoch ist es wichtig, auch hier zu differenzieren. Die Gegenwart ist nicht gleichförmig, sondern bietet einen bunten Strauß positiver und negativer Möglichkeiten. Um im Bild der Erzählung zu bleiben: Auch ohne die Tiger würde der Mann sich wohl nicht sonderlich wohlfühlen. Man kann sich Schöneres vorstellen, als an einem Abgrund zu hängen. Es ist anzunehmen, dass die harten Zweige schmerzhaft in seine Hände schneiden.

Möglicherweise ist es dort kalt und windig. Dies sind die unerfreulichen Aspekte seiner Gegenwart. Solange er jedoch seine Aufmerksamkeit auf den wunderbaren Geschmack der Erdbeeren konzentriert, bestimmt das Positive sein Erleben.

Was bedeuten die anderen Elemente in der Parabel? Die Erdbeeren symbolisieren natürlich die Freuden des Lebens. Diese sind stets in unserer Reichweite. Wir müssen sie nur entdecken und ergreifen. »Nur« ist allerdings leichter gesagt als getan. Tatsächlich stehen den möglichen Glücksmomenten zwei große Hindernisse entgegen. Erstens muss man einen Sinn für das Gute entwickeln und pflegen. Ohne ein Bewusstsein für die angenehmen Seiten des Lebens geht man an allem, was schön ist, achtlos vorbei. Es ist zwar stets gegenwärtig, aber man sieht es nicht. Man verhungert gewissermaßen am gedeckten Tisch. Damit hätten wir auch schon die Überleitung zum zweiten Hindernis. Ohne Appetit hätten die Erdbeeren dem Mann nicht geschmeckt. Ohne ein Interesse am Erfreulichen wirken selbst die vitalsten, farbigsten, wunderbarsten Dinge grau und leer. Man bemerkt sie, aber sie sprechen einen nicht an. Tatsächlich verstellen sich viele Menschen mit ihren negativen Erinnerungen an die Vergangenheit und schlechten Erwartungen an die Zukunft nicht nur den Blick auf mögliches gegenwärtiges Glück, sondern sie finden auch kein Gefallen daran, wenn sie es denn entdecken.

Genau genommen existiert noch ein drittes Hindernis. Nachdem unser Held die Erdbeeren wahrgenommen und trotz der beiden Tiger an ihrem Geschmack interessiert ist, muss er zusätzlich bereit sein, ein wenig loszulassen. Nur indem er (eine Hand) loslässt und sich (mit der anderen

Hand) den erfreulichen Dingen zuwendet, schafft er es, den Moment auch wirklich auszukosten. Er muss ein kleines Risiko eingehen. Solange er sich mit beiden Händen an den Zweigen des wilden Weins festklammert, kann er die Gelegenheit nicht ergreifen.

Die Zweige stehen für den Lebensfaden beziehungsweise die Zeit, die dem Mann im Leben zur Verfügung steht. Die weiße und die schwarze Ratte – Tag und Nacht – nagen daran. Irgendwann wird der Faden reißen. Das ist sicher. Wichtiger ist jedoch, was unser Held Augenblick für Augenblick in der Gegenwart tut, bevor dies geschieht.

Darüber hinaus versinnbildlichen die Zweige das Materielle. Die meisten Menschen klammern sich zu sehr daran. Sie erkennen zwar, was das Leben ihnen beruflich und privat bieten könnte, aber sie sind zu sehr auf ihre Sicherheit bedacht. Sie wagen nicht, eine Hand loszulassen, um sie dem Glück, also dem Immateriellen, öffnen zu können.

Die Parabel zeigt, dass der materielle Halt letztendlich reißen wird. Egal wie sehr wir uns daran klammern, eines Tages werden wir verlieren, was wir im Moment noch mit aller Kraft festhalten. Das Äußere vermag nur begrenzt Sicherheit zu geben, auch wenn wir uns der Illusion hingeben, es sei anders. Das Materielle vergeht. Was am Ende zählt, sind die Erfahrungen, die wir gemacht haben. Haben wir das Leben ausgekostet oder uns nur ängstlich an unseren Besitz geklammert? Die Fülle des Universums lässt sich nur erleben, wenn man den Griff etwas lockert und sich dem Immateriellen, also beispielsweise der Schönheit, dem Glück und der Zufriedenheit öffnet.

Man braucht aber nicht ins andere Extrem zu verfallen und auf jede äußere, materielle Sicherheit zu verzichten. Es genügt, eine Hand auszustrecken. Mit der anderen kann man sich ruhig festhalten. Auf diese Weise gelingt beides: eine gewisse materielle Verankerung und die Offenheit für das Spiel des Lebens.

In der Parabel klingen viele Themen dieses Buchs an: das Leben in der Gegenwart, das Glück im Hier und Jetzt, der Genuss möglicher Freuden trotz widriger Umstände und die relativ geringe Bedeutung materieller Sicherheit. Die fünf Eigenschaften des Lebenskünstlers sind ebenfalls angesprochen: Gelassenheit, auch wenn die Lage aussichtslos scheint, Lebenslust, wo andere nur ihr Schicksal beklagen würden, Spielfreude, die vor schwierigen Situationen nicht haltmacht, unerschütterlicher Optimismus, der überall das Beste erwartet, und Kreativität, mit der man Krisen in Glücksmomente verwandeln kann.

Jeder kann Lebenskünstler sein

»Gewöhnliche« Künstler können unglücklich, überdreht, in jeder Hinsicht neurotisch sein und dennoch ein bedeutendes, angesehenes Werk schaffen. Ein Lebenskünstler dagegen würde seinen Namen nicht verdienen, wenn er überwiegend freudlos und gestresst wäre.

Die anerkannten Künste kann man an Kunsthochschulen studieren. Neuerdings werden sogar Studiengänge für Schriftsteller angeboten. Volkshochschulen haben Kurse für *Creative Writing* im Programm. Nur für *Creative Living* gibt es kein vergleichbares Angebot. Was die moderne

Psychologie zu diesem Thema zu sagen hat, hat den Status einer Geheimwissenschaft. Oder können Sie mit Begriffen wie *Problem Solving Therapy oder Rapid Cognitive Therapy* etwas anfangen oder gar deren wichtigste Erkenntnisse ganz selbstverständlich täglich anwenden?
Von heute an können Sie das für sich persönlich ändern. »Der Weg des Lebenskünstlers« bietet alles, was Sie brauchen, um mehr Farbe in Ihr Leben zu bringen. Selbst die größten Schwierigkeiten können Sie in Zukunft nicht mehr schrecken. Kreativität und Optimismus machen das Lösen von Problemen zu Ihrem neuen Lieblingsspiel.
Stress werden Sie viel seltener erleben. An seine Stelle setzen Sie Gelassenheit. Als LebenskünstlerIn entwickeln Sie Ihren Sinn für die schönen Seiten des Lebens. Sie entdecken überall Erfreuliches, selbst dort, wo Sie bisher nur das Gegenteil erblickt haben.
Dieses Buch ist für alle, die mutig genug sind, die ausgetretenen Pfade einmal zu verlassen, die sich trauen, ihre Kreativität zu entfalten und ihr Leben dadurch positiv zu verwandeln.
Braucht man Begabung, Talent oder Genie, um ein Lebenskünstler zu werden? Ich denke, dass die meisten Menschen ausreichend begabt sind. Gelassenheit, Lebenslust, Spielfreude, Optimismus und Kreativität kann man lernen. Außerdem ist Lebenskunst für Sie nichts vollkommen Neues. Jedes Mal, wenn Sie trotz widriger Umstände gelassen und kreativ geblieben sind, haben Sie bewiesen, dass Sie es können. Sie brauchen diesen Weg nur konsequent fortzusetzen.
Am wichtigsten für das Erlernen der Lebenskunst ist ein brennendes Interesse. Es muss einen reizen – bildlich ge-

sprochen –, Erdbeeren auch dann zu genießen, wenn man von Tigern umstellt ist. Oder um es prosaischer zu sagen: sich stets den Sinn für die Freuden des Lebens zu bewahren und aus jeder Situation etwas zu machen.

Unerlässlich ist auch die Bereitschaft zum Üben. Es wäre illusorisch zu glauben, dass man es zum Lebenskünstler bringen kann, ohne etwas dafür zu tun. Wer Gitarre spielen oder Chinesisch lernen will, kann auch nicht faul auf dem Sofa sitzen. Andererseits heißt dies nicht, dass der Weg des Lebenskünstlers ein anstrengender wäre. Im Gegenteil: Es gibt kaum etwas, das mehr Spaß macht; denn die »Lernfächer« heißen schließlich Gelassenheit, Lebenslust, Spielfreude, Optimismus und Kreativität.

Vergessen Sie also alles, was Sie über Künstler und Genialität gehört haben. Genialität ist vermutlich die am meisten missverstandene Eigenschaft eines kreativen Menschen. Der Erfinder Thomas Alva Edison meinte, Genie sei ein Prozent Inspiration und neunundneunzig Prozent Transpiration. Wenn man davon absieht, dass er harter Arbeit einen derart hohen Stellenwert gibt und überhaupt nicht von seiner Lust, Lösungen für knifflige Probleme zu finden, spricht, kommt Edison der Wahrheit wohl ziemlich nahe.

Lebenskunst ist keine Wissenschaft. Die Grundbegriffe sind nicht schwerer als das ABC oder das Einmaleins. Die Psychologie hat ein paar wichtige Erkenntnisse dazu beigesteuert. Aber diese stellen nicht mehr dar als das, was weise Menschen immer schon wussten. Wissenschaftler lieben die Theorie. Daher sind sie in der Regel keine Lebenskünstler.

Lebenskunst ist keine Philosophie. Jedenfalls nicht, wenn man darunter die Kunst versteht, etwas, das jeder kennt, so auszudrücken, dass es niemand versteht. Allerdings haben ein paar kluge Philosophen, die das, was sie lehrten, auch lebten, zur Kunst des Lebens erheblich beigetragen. Die meisten Philosophen sind jedoch wie die Wissenschaftler reine Theoretiker und daher keine Lebenskünstler.

Lebenskunst ist zwar eine Kunst, aber nur wenige Künstler sind zugleich Lebenskünstler. Das Einzige, was sie hervorragend entwickelt haben, ist ihre Kreativität. Sie wenden sie jedoch häufig nur in ihrem Fachgebiet an und nicht im Leben allgemein. Vor allem aber schneiden sie in Bezug auf die anderen vier Eigenschaften eines Lebenskünstlers nicht besser ab als der Rest der Bevölkerung.

Wenn Lebenskunst keine Wissenschaft, keine Philosophie und mit den anderen Künsten nicht vergleichbar ist, was ist sie dann? Ein bestimmter Denk- und Lebensstil, der dazu führt, dass man trotz aller möglichen Widrigkeiten die meiste Zeit glücklich und zufrieden ist.

Der Weg dahin steht jedem offen. Sie müssen sich nur dafür entscheiden.

Eine Einladung

Wenn Sie finden, dass

- pure Lebenslust einen höheren Stellenwert in Ihrem Alltag bekommen sollte,
- Optimismus eine willkommene Alternative zur allgemeinen Schwarzmalerei wäre,

- die Freude am Spiel, die Sie als Kind kannten, Ihr Leben wieder stärker bestimmen sollte,
- mehr Gelassenheit Ihnen guttun würde,
- Kreativität eine große Hilfe sein könnte, um Ihre Probleme zu lösen,

dann sollten Sie unbedingt dem Weg des Lebenskünstlers folgen.

Seien Sie aber darauf gefasst, dass es für einige Menschen in Ihrer Umgebung eine Provokation darstellen könnte, wenn Sie sich für diesen Weg entscheiden. Das Streben nach Selbstverwirklichung und Glück halten manche Menschen für unmoralisch. Eine Kultur, die – wie in der westlichen Welt meist üblich – besonders davon geprägt ist, dass man hart arbeiten soll und alle anderen Interessen dahinter zurückzustehen haben, verhält sich ablehnend gegenüber denjenigen, die da nicht mitmachen.
KünstlerInnen schlägt nicht selten Misstrauen und Neid, begleitet von einer Spur Bewunderung, entgegen. Man schmückt sich mit ihren Werken, schenkt ihnen sogar eine gewisse Anerkennung, falls sie (ausnahmsweise) reich und berühmt werden. Geld und Erfolg: Das ist die Sprache, die die Normalbürger verstehen. Sie können jedoch mit der Kreativität, dem unkonventionellen Lebensstil und der Risikobereitschaft, die KünstlerInnen in materieller Hinsicht besitzen, wenig anfangen.
Diese Ablehnung bekommen LebenskünstlerInnen genauso zu spüren. Wer immateriellen Werten wie Glück und Zufriedenheit eine höhere Priorität einräumt als dem Streben nach Geld, Macht und Besitz, kann nicht damit rechnen, jedermanns Liebling zu werden.

Das macht aber nichts. LebenskünstlerInnen werden in anderer Hinsicht reich belohnt. Gelassenheit und Lebenslust sind nicht mit Gold aufzuwiegen. Das wird mir bei meiner Arbeit als Life Coach immer wieder vor Augen geführt. Viele meiner KlientInnen sind nach äußeren Maßstäben sehr erfolgreich. Trotzdem sind sie oft unzufrieden. Ich arbeite gerne mit diesen Menschen zusammen, weil ich ihnen nicht erklären muss, dass Geld nicht glücklich macht. Sie wissen es bereits und wollen nun etwas anderes. Geld sichert den Unterhalt, macht wohlhabend oder reich. Sonst nichts.

Viele glauben allerdings immer noch das Gegenteil: Sorge dafür, dass du viel Geld verdienst, dann wirst du automatisch glücklich. So wird es in unserer Gesellschaft im Allgemeinen propagiert. Deshalb überrascht es einen nicht, dass im »Wahrig, Wörterbuch der deutschen Sprache« zum Stichwort »Lebenskünstler« kein Eintrag zu finden ist.

Die Einladung, sich auf den Weg des Lebenskünstlers zu begeben, geht an alle, die das einseitige Streben nach Geld und materiellem Erfolg eintauschen wollen gegen ein vielfältigeres, bunteres, erfüllenderes Leben. Man braucht schon ein wenig Chuzpe, um aus der Masse auszuscheren. Doch wenn es Sie reizt, Ihr Leben kreativ zu gestalten, spielerischer mit den Situationen des Alltags umzugehen und dabei Ihre Gelassenheit und Lebenslust zu steigern: dann los!

Der rote Faden

Der Aufbau des Buchs folgt den fünf Eigenschaften des Lebenskünstlers. Deshalb dürfte es Ihnen leichtfallen, sich im Text zu orientieren. Zusätzlich möchte ich die beiden Konzepte offenlegen, die den roten Faden des Buchs bilden. In den 1950er-Jahren haben Psychologen in den USA eine neue Therapierichtung entwickelt: die Kognitive Verhaltenstherapie. Sie zählt heute zu den am besten erforschten und wirksamsten Verfahren auf dem Gebiet der Psychotherapie. Ihre Begründer heißen Albert Ellis und Aaron T. Beck. Die Grundidee, die hinter der Kognitiven Verhaltenstherapie steht, ist allerdings schon zweitausend Jahre alt. Der Philosoph Epiktet hat sie so formuliert: »Nicht die Dinge selbst, sondern die Meinungen von den Dingen beunruhigen die Menschen.«

Alle Erscheinungen, die wir mit unseren Sinnen wahrnehmen, sind zunächst einfach Tatsachen. Sie sind neutral, also weder gut noch schlecht. Erst unser Geist entscheidet, was er betrachten und wie er die Tatsachen bewerten will. »Gut« und »schlecht« sind Werturteile, die vom jeweiligen Betrachter abhängen. Sie sind keine Eigenschaften der Sache selbst. Da wir die Tatsachen und unsere Meinungen darüber ständig verwechseln, geraten wir beim Fühlen und Handeln in Schwierigkeiten. Um uns davon zu befreien, müssen wir die Tatsachen ohne Vorurteile zur Kenntnis nehmen und unsere Meinungen so ändern, dass wir uns das Leben nicht unnötig schwer machen.

Außerdem kommt es darauf an, wohin wir unsere Aufmerksamkeit lenken. Wir können uns von dem abwenden,

was uns missfällt, und dem zuwenden, was wir mögen. Leider machen es viele genau umgekehrt. Sie sehen nur die Schattenseiten des Lebens und vergessen darüber das, was ihnen Freude bereitet.
Die ersten beiden Kapitel des Buchs beschäftigen sich mit einigen praktischen Anwendungen der Kognitiven Verhaltenstherapie, die jeder, der es zum Lebenskünstler bringen will, zu seinem Vorteil anwenden kann. Gelassenheit ist die Fähigkeit, das Unerfreuliche ohne negative Übertreibung zu sehen und es nach Belieben innerlich loslassen (Ge-lassen-heit!) zu können. Darum geht es im ersten Kapitel.
Lebenslust, Thema des zweiten Kapitels, setzt voraus, dass man den Fokus, das heißt den Brennpunkt der Aufmerksamkeit, auf das richtet, was man schön, erfreulich und angenehm findet.
Eigentlich gehört Spielfreude zur Lebenslust. Dennoch erhält sie ein eigenes (drittes) Kapitel. Der Inhalt ist für Lebenskunst von zentraler Bedeutung. Sie erleben Gelassenheit und Lebenslust in Aktion.
LebenskünstlerInnen sind nicht naiv. Sie wissen, dass es Probleme im Leben gibt. Ihre Lebenslust wird durch Schwierigkeiten aber nicht beeinträchtigt. Im Gegenteil: Sie gehen das Leben spielerisch an. Bei einem Spiel erhöhen die Hindernisse den Reiz nur. Entfernt man die Komplikationen aus dem Spiel, sorgt man dafür, dass es langweilig wird. Allerdings müssen Sie sich zutrauen, mit allen Hindernissen zurechtzukommen. Sonst haben Sie keinen Spaß.
In Kapitel 4 zeige ich Ihnen, wie Sie es schaffen, angesichts der allgegenwärtigen Krisen nicht pessimistisch zu werden. Optimismus ist der erste Schritt zur Problemlösung.

In Kapitel 5 erfahren Sie, was sonst noch nötig ist, um mit Schwierigkeiten fertig zu werden. Probleme fordern die Kreativität heraus. Oder um es anders zu sagen: Not macht erfinderisch. LebenskünstlerInnen verstehen es, aus jeder Situation, sei sie auf den ersten Blick auch noch so bedrückend, etwas zu machen. Ihnen gelingt es immer wieder, ihren Kopf aus der Schlinge zu ziehen. Erst wenn man die Gewissheit hat, mit allen Belastungen fertig zu werden, macht das Leben richtig Spaß.

Man behält Informationen besser, wenn man sie mehrfach aufnimmt. Deshalb werde ich Wichtiges gelegentlich wiederholen. Am besten wäre es, Sie würden das Buch ein paar Mal lesen. Die Kapitel bilden keine gerade Linie, sondern eher einen Kreis oder eine Spirale. Gelassenheit zum Beispiel fördert nicht nur die Lebenslust, sondern ist bei Problemlösungen ebenso nützlich. Kreativität hilft einem auf allen Gebieten: gelassener zu sein, die Tage zu genießen, Spaß am Spiel des Lebens zu finden, Optimismus zu entwickeln und Probleme zu lösen.

Die Konzepte in diesem Buch sind so einfach, dass ein Kind sie verstehen kann. Ihre Anwendung im Alltag ist jedoch so schwierig, dass selbst ein älterer Mensch die Kunst des Lebens noch nicht vollkommen beherrscht. Meisterschaft setzt ständige Übung voraus. Das Leben ist das komplexeste Spiel, das man sich nur vorstellen kann. Es konfrontiert einen stets aufs Neue mit unvorhergesehenen Problemen. Deshalb ist es wichtig, die fünf Eigenschaften eines Lebenskünstlers pausenlos weiterzuentwickeln. Man kann nicht sagen: »Jetzt habe ich es geschafft!«, weil man das Leben nicht »schaffen« kann. Jeder Tag ist ein neues Spiel, dessen besondere Hürden man nehmen muss.

Gelassenheit

Radikale Akzeptanz von allem

Die Dinge sind nicht immer so, wie wir sie gerne hätten. Morgens klingelt der Wecker und wir sind noch viel zu müde zum Aufstehen. Das Toastbrot klemmt im Toaster und verkohlt. Die U-Bahn hat Verspätung beziehungsweise wir stehen mal wieder mit dem Auto im Stau. Die Kollegen haben schlechte Laune. Mit der Arbeit kommt man nicht weiter. Die Kantine hat nur gekocht, was wir nicht mögen. Der Kaffee schmeckt nach Abwaschwasser. Zu Hause finden wir in der Post nichts als Rechnungen. Der Freund beziehungsweise die Freundin meldet sich nicht. Der Kühlschrank ist leer. Man müsste einkaufen gehen, aber draußen regnet es: also wieder Pizza-Service.

Warum muss immer so viel schiefgehen? Warum scheint die Welt so oft gegen uns zu sein? Wieso soll man unter diesen Umständen so tun, als ob man Lebenskünstler sei? Wieso so tun? Ich würde Ihnen nicht empfehlen, nur vorzutäuschen, dass Sie Lebenskünstler seien und Ihnen die Widrigkeiten nichts ausmachten. Viel besser wäre es, tatsächlich einen Weg zu finden, so mit diesen Nervenproben umzugehen, dass Sie sich wohlfühlen, egal was passiert. Egal was passiert? Ja, genau, unabhängig von den Umständen.

Die erste Voraussetzung dafür ist die radikale Akzeptanz von allem. Keine leichte Aufgabe, wenn man es gewohnt ist, alles abzulehnen oder gar zu hassen, was den eigenen Vorstellungen widerspricht. Akzeptanz scheint schon schwierig genug, aber dann auch noch radikal und von allem?

Zugegeben, der Weg des Lebenskünstlers kann lang sein. Aber was wäre die Alternative? Ewige Unzufriedenheit, ständiger Stress, andauernder Ärger über Dinge, die anders laufen, als man es möchte.

Normalerweise wird beim Thema Akzeptanz erst einmal langatmig erklärt, was es nicht bedeutet. Dass man zum Beispiel mit anderen Meinungen nicht übereinstimmen müsse, um sie zu akzeptieren. Dass Akzeptanz nicht mit Unterwerfung, Passivität oder Selbstaufgabe gleichzusetzen sei. Aber ich will mich bei diesem Punkt kurzfassen. Sie wissen es längst. Es ist oft genug erklärt worden. Kein vernünftiger Mensch wird zu allem Ja und Amen sagen, wenn es gegen die eigenen Wünsche und Interessen geht. Akzeptanz ist schließlich kein Exerzitium für Masochisten.

Die radikale Akzeptanz von allem ist eine innere Haltung, die man unabhängig davon entwickelt, ob man in Einzelfällen seine Umgebung verändern will. Man kann sich entschließen, etwas hinzunehmen oder auch nicht. In beiden Fällen ist Akzeptanz der beste Ausgangspunkt. Man macht ohne Zorn und Eifer einfach das, was einem am besten erscheint.

Sind die Dinge unabänderbar, hilft einem die Haltung innerer Akzeptanz, gelassen zu bleiben. Mag der Autostau noch so lang sein oder der Kantinenkaffee noch so sehr nach Abwaschwasser schmecken: Innerlich bleibt man ruhig. Denn die Dinge sind nun einmal, wie sie sind. Sie ändern sich nicht dadurch, dass ich mich ärgere. Kein

Stress, kein Streit wegen solcher Kleinigkeiten. Selbst wenn der Himmel einstürzt, ändert dies nichts an der grundsätzlichen Einstellung.

Für den Fall, dass die Umstände zu beeinflussen sind, ermöglicht einem Akzeptanz, effektiv zu handeln. Man muss keinen großen inneren Widerstand aufbauen, bevor man Veränderungen in der Außenwelt vornimmt. Weder Wut noch Angst sind dazu notwendig. Es genügt die Erkenntnis, dass die Dinge nicht so bleiben sollten, wie sie sind. Man überlegt einfach in Ruhe, was einem lieber wäre, plant das weitere Vorgehen und setzt dann die entsprechende Absicht Schritt für Schritt um.

Denken Sie einmal nach, was Sie nicht akzeptieren können. Die Liste braucht nicht umfassend zu sein. Notieren Sie nur das, was Ihnen sofort einfällt. Beginnen Sie bei sich selbst. Was stört Sie? Was akzeptieren Sie an Ihrem Äußeren nicht? Welche Gedanken können Sie sich schwer oder gar nicht gestatten? Welche Emotionen lehnen Sie ab? Was kritisieren Sie an Ihrem Verhalten?

Danach beziehen Sie Ihre Umgebung ein. Wie steht es mit Ihrem Partner/Ihrer Partnerin? Was akzeptieren Sie nur schwer oder gar nicht an ihm oder ihr? Bestimmt gibt es in Bezug auf Ihre Arbeit, Ihre Aufgaben, die Sie täglich erledigen müssen, etwas, das Ihnen zuwider ist. Denken Sie auch an Ihre FreundInnen. Was haben Sie an ihnen auszusetzen? Wenn es etwas Unakzeptables gibt, sei es groß oder klein, dann machen Sie sich dies bitte bewusst.

Beschließen wir diese Aufstellung mit einer Einschätzung Ihrer Vergangenheit und Zukunft. Was lehnen Sie ab, das früher einmal passiert ist? Was können Sie immer noch nicht hinnehmen, zum Beispiel in Bezug auf Ihre Eltern,

Geschwister, ExpartnerInnen, ExfreundInnen? Was fällt Ihnen spontan ein, das Sie bis heute nicht akzeptieren? Können Sie die Zukunft, was immer sie bringen mag, uneingeschränkt bejahen? Eines ist gewiss: Jeder von uns stirbt eines Tages. Ist es Ihnen möglich, ohne inneren Widerstand an den Tod zu denken? Können Sie es annehmen, zu altern, Falten zu bekommen, das Nachlassen Ihrer Kräfte zu erleben und all die anderen Dinge, die mit dem Altwerden verbunden sind?

Im Allgemeinen klammern wir uns an unsere Vorstellungen, wie die Dinge zu sein haben. Wir bestehen darauf, dass wir, die anderen und der Rest der Welt unseren Vorlieben entsprechen sollen. Leider erfüllen sich diese Forderungen nicht, jedenfalls nicht alle. Und schon liegen wir mit der Realität in Konflikt. Wer gibt nach? Wir jedenfalls nicht! So wird das Leben zu einem täglichen Kampf, wenn schon nicht alles, dann doch so viel wie möglich so einzurichten, wie es uns beliebt. Von Gelassenheit keine Spur! Und wenn wir schließlich einsehen müssen, dass viele dieser Kämpfe vergeblich sind, reagieren wir verbittert und enttäuscht. Angesichts unserer persönlichen Tragödien und des weltweiten Leids fragen wir nur noch: Warum lässt Gott das zu?

Glücklicherweise ist es kein unausweichliches Schicksal, mit der Welt zu hadern. Es gibt einen Ausweg und der heißt radikale Akzeptanz von allem. Wenn wir diesen Weg wählen, erlauben wir der Welt, so zu sein, wie sie ist. Wir lassen zu, dass unsere Mitmenschen nicht unseren Idealen entsprechen, gestatten uns selbst Schwächen. Wir lassen die Vergangenheit ruhen und geben alle Befürchtungen hinsichtlich der Zukunft auf.

Können Sie sich vorstellen, wie angenehm es wäre, mehr Toleranz zu entwickeln, vielleicht sogar alles radikal zu akzeptieren?

Wider die Tyrannei des Müssens

Wie kommt es überhaupt, dass wir dazu neigen, alles abzulehnen, was unseren Vorstellungen widerspricht? Warum ist es so schwer, die Dinge so zu akzeptieren, wie sie sind? Wenn wir wissen, wie wir Ablehnung und Hass in uns hervorbringen, können wir uns davon befreien und stattdessen Gelassenheit und Liebe entwickeln.
Albert Ellis, der Begründer der Rational-Emotiven Verhaltenstherapie (REVT), einer Variante der Kognitiven Verhaltenstherapie (KVT), hat in den 1950er-Jahren entdeckt, dass wir so fühlen und handeln, wie wir denken. Wenn unser Denken den Tatsachen entspricht, sind wir ausgeglichen. Entfernt es sich zu weit davon, leiden wir. Indem wir darauf bestehen, dass die Dinge unbedingt so sein müssen, wie wir es wollen, verursachen wir innere Konflikte. Je stärker wir fordern, dass die Welt sich um *unsere* Interessen zu drehen habe, desto intensiver empfinden wir die Entfremdung von einer Realität, die unseren Ansprüchen oftmals nicht genügt.
Das Problem entsteht nicht durch die Tatsachen an sich. Auch dass wir eigene Wünsche entwickeln, wie wir die Welt gerne hätten, erzeugt noch keinen Konflikt. Erst indem wir die absolute Forderung erheben, dass unsere Vor-

stellungen Vorrang gegenüber der Realität haben *müssen*, erzeugen wir einen leidvollen Gegensatz.

Sie können sich selbst davon überzeugen: Wenn Sie sich das nächste Mal dabei ertappen, dass Sie sich ärgern, prüfen Sie einmal, wie weit Ihre Vorstellungen und die Wirklichkeit in dem Moment auseinandergehen und ob Sie feststellen können, dass Sie vom Wünschen zum unbedingten Fordern übergegangen sind. Hierfür gibt es eine Faustregel: Wünsche kann man leicht loslassen, absolute Forderungen nicht.

Nehmen wir an, Sie seien mit dem Auto unterwegs. Sie haben es eilig. An der nächsten Kreuzung springt die Ampel auf Rot. Das passiert Ihnen noch zweimal. Sie merken, wie Sie mit jedem Mal ärgerlicher werden. Warum? Weil Sie so etwas denken wie: »Wenn ich es eilig habe, *müssen* alle Ampeln auf Grün stehen.« Die Tatsache, dass die Ampeln Rot anzeigen, passt überhaupt nicht zu Ihrer Forderung, dass sie Grün signalisieren *sollten*.

Wir fühlen und handeln so, wie wir denken: Das ist die bahnbrechende Erkenntnis der Rational-Emotiven Verhaltenstherapie. Bis zur Mitte des vorigen Jahrhunderts wussten die Psychologen wenig darüber, wie Gefühle entstehen. Einige wie Sigmund Freud vermuteten, dass der Ursprung emotionaler Probleme in der Kindheit liege. Andere wie Wilhelm Reich nahmen an, Menschen seien so ähnlich wie Dampfkessel konstruiert. Wenn emotionale oder sexuelle Energie im Inneren aufgestaut werde, käme es zu psychischen Erkrankungen. Es existierten (und existieren immer noch) viele weitere Theorien, die allenfalls Teilaspekte, aber nicht den Kern des Problems treffen. So stellte Carl Rogers die Theorie auf, Liebe könne die meisten seelischen Probleme heilen. Er sprach allerdings nicht explizit von Liebe, sondern von »empathy«, was kurioserweise immer mit »Empathie« übersetzt wird, obwohl Rogers eine englische Entsprechung für das deutsche Wort »Mitgefühl« suchte. Leider können TherapeutInnen so empathisch sein, wie sie wollen: Wenn der Zusammenhang zwischen Gefühlen und Gedanken bei ihren Klienten unverändert bleibt, dauern die emotionalen Störungen fort.

Inzwischen wurde mehrfach nachgewiesen, dass es vor allem irrationale Gedanken sind, die Stress hervorrufen. Rationale Überlegungen führen dagegen zu Ausgeglichenheit. Leider neigen wir als Menschen dazu, irrational zu denken. Solange wir die vernunftwidrigen Gedanken ernst nehmen, sie nicht infrage stellen und nicht durch hilfreichere ersetzen, sind wir emotional mehr oder weniger unausgeglichen. Wir schwanken dann zwischen übertriebener Begeisterung und maßloser Enttäuschung hin und her, leiden unter unnötigen Ängsten, die sich bis zur Panik steigern können, und ärgern uns ständig über Kleinigkeiten.

Die Mehrzahl der wirklichkeitsfremden Gedanken besteht aus Missverständnissen, Übertreibungen und Einseitigkeiten. Wir bilden uns zum Beispiel nachts ein, dass unter unserem Bett ein Monster liegt. Sobald wir von diesem Unsinn überzeugt sind, wagen wir es nicht, Licht zu machen und unters Bett zu gucken. (Nicht nur Kinder machen sich zu Opfern ihrer eigenen Fantasie!) Oder wir glauben, dass wir vollkommen sein müssten, damit uns jemand liebt. Tatsächlich handelt es sich dabei um ein Missverständnis. Träfe diese Annahme zu, könnte kein Mensch einen anderen lieben; denn niemand ist perfekt.

Übertreibungen spiegeln sich im Alles-oder-nichts-Denken

und in Verallgemeinerungen. Zwei Beispiele dafür: Weil *einige* ausländische Mitbürger Straftaten begehen, glauben manche Menschen, *alle* Ausländer seien kriminell. Aus der Tatsache, dass *ein Teil* der Unternehmer ihren Angestellten keinen gerechten Lohn zahlt, leiten einige die Überzeugung ab, *alle* Arbeitgeber seien Ausbeuter.

Wenn das Denken einseitig negativ ist, übersieht man das Positive oder spielt es herunter. Pessimisten erwarten stets das Schlechte. Sie verkennen, dass die Zukunft offen ist und auch Positives bringen wird. Macht man sie auf Erfreuliches aufmerksam, werten sie es ab.

Diese Fehler wirken sich nicht nur auf das Denken, sondern auch auf die Gefühle und das Verhalten aus. Wer glaubt, dass sich Monster unter seinem Bett verstecken, bekommt Angst und rührt sich nicht mehr. Diejenigen, die irrtümlich davon überzeugt sind, dass alle gesellschaftlichen Missstände durch Ausländer verursacht würden, entwickeln einen ungerechtfertigten Zorn und sprechen voller Hass über Fremde. Pessimisten sind chronisch unglücklich und gehen wenig Risiken ein.

Den größten Denkfehler begeht man, wenn man Wünschen und absolutes Fordern verwechselt. Es ist vollkommen in Ordnung, sich etwas zu wünschen. Wunschloses Glück gibt es allenfalls für Momente. Wir haben unsere Vorlieben und Abneigungen. Problematisch wird es aber, wenn man die Wünsche zu Forderungen erhebt: »Ich muss das haben«, »Das darf nicht sein«, »Dieses oder jenes soll unbedingt geschehen«. In Klammern steht dabei jedes Mal dahinter: »Sonst kann ich nicht glücklich sein«.

Es ist wenig sinnvoll, sich auf etwas Bestimmtes zu fixieren. Die Verengung des Blickwinkels führt nur dazu, dass man alle anderen Möglichkeiten, glücklich zu werden, übersieht. Gäbe es für jeden von uns nur einen einzigen Menschen, einen einzigen Beruf oder einen einzigen Ort, den wir lieben könnten, wäre es in der Tat schwierig. In Wirklichkeit kommen von den Milliarden Menschen, den Tausenden Berufen und den Millionen Orten auf der Erde jedoch etliche infrage, die uns gefallen könnten. Daher ist jede absolute Forderung, die sich in einem Muss, Sollte oder Darf-nicht ausdrückt, irrational und zieht negative Gefühle nach sich. Wünsche dagegen schließen die Idee mit ein, dass es zwar schön wäre, wenn sie sich erfüllten, es aber nicht unbedingt nötig ist. Es mag sein, dass unser Leben schöner wäre, wenn alle Wünsche wahr würden, aber es geht auch so. Wir können trotzdem glücklich werden.

Übrigens brauchen Sie in Zukunft nicht über jedes Muss zu stolpern. Der Begriff »müssen« hat zwei Bedeutungen. Einmal bringt er das beschriebene, übersteigerte Wünschen zum Ausdruck. Zum anderen erscheint er als konditionales Müssen wie zum Beispiel in dem Satz: »Wenn du bei Regen nicht nass werden willst, musst du einen Schirm mitnehmen.« Der Regenschirm ist Bedingung für das Trockenbleiben und keine absolute Forderung in dem Sinn, dass sonst die Welt unterginge: »Ich muss immer einen Schirm dabeihaben; denn es wäre unerträglich, wenn ich einmal nass würde.«

Unsere Ausgangsfragen lassen sich jetzt leicht beantworten: Warum neigen wir dazu, alles abzulehnen, was unseren Vorstellungen widerspricht? Weil wir glauben, niemals glücklich zu werden, wenn es anders kommt, als wir es uns erhoffen. Wir verbinden mit unseren Plänen irrtümlicherweise die Idee, dass sie Wirklichkeit werden *müssen*. Jede

Bedrohung unserer Vorstellungen deuten wir als Angriff auf unser Glück.
Warum ist es so schwer, die Dinge zu akzeptieren, wie sie sind? Weil wir unsere Fantasien mehr lieben als die Realität. Anstatt die Tatsachen zur Kenntnis zu nehmen, verzerren wir sie in einer Weise, die uns Angst macht, deprimiert oder unseren Zorn erregt. Wir werden auf diese Weise Opfer, nicht der Wirklichkeit, sondern unserer negativen Meinung über sie. Wenn die Tatsachen mit unseren Vorstellungen nicht übereinstimmen, glauben wir, etwas Schlimmes sei passiert, während sich in Wahrheit nur unsere Gedanken als fern der Wirklichkeit erwiesen haben.
Die amerikanische Seminarleiterin Byron Katie fasst diese Erkenntnisse in dem Satz zusammen: »Das Schlimmste, was Ihnen je passieren kann, ist ein ungeprüfter Gedanke.« Wie Epiktet ist sie der Auffassung, dass niemals die Dinge, sondern nur unsere Vorstellungen »schlimm« sein können. Unsere Alltagssprache ist durchsetzt von irrationalen Begriffen und Redewendungen. Ich gebrauche die Sprache auch nicht immer der Wirklichkeit entsprechend. Falsche Bezeichnungen sind jedoch unschädlich, solange man weiß, wie es wirklich ist, und die Sachverhalte, wenn es darauf ankommt, richtigstellen kann. Voraussetzung dafür ist, dass man den Zusammenhang zwischen Gedanken und Gefühlen versteht und die Gedankenfehler erkennt, insbesondere die unbedingten Muss-Vorstellungen.
Der vielleicht wichtigste Schritt auf dem Weg des Lebenskünstlers besteht darin, sich wiederholt klarzumachen, dass das Glück, die Gelassenheit und die Liebe nicht abhängig sind von etwas Singulärem, das man absolut haben müsste. Die Welt ist so bunt und vielfältig, dass es für

jeden genügend Gelegenheiten gibt, sich des Lebens zu erfreuen. Zur Ergänzung der epiktetschen Erkenntnis, dass nicht die Tatsachen uns beunruhigen, sondern nur unsere Gedanken, könnte man hinzufügen, dass nicht die Tatsachen uns glücklich machen, sondern die Gedanken. Dadurch bekommt man eine innere Freiheit, die durch äußere Ereignisse in letzter Konsequenz nicht zu erschüttern ist.

LebenskünstlerInnen unterscheiden sich von anderen dadurch, dass sie *in allem* etwas Erfreuliches, Tröstliches oder Liebenswertes sehen können, selbst in Menschen, Dingen und Erfahrungen, die von den anderen abgelehnt werden. Vielversprechende Möglichkeiten zu erkennen, die Fantasie konstruktiv zu nutzen und schwierige Situationen zu verwandeln: Das verlangt mehr Optimismus und positive Kreativität, als die meisten aufbringen wollen oder können.

Ablehnung und Hass bringen wir durch die Gedanken hervor, die wir anstellen. Wir können uns davon befreien, indem wir solche Überlegungen loslassen und realistische, akzeptierende Vorstellungen an ihre Stelle setzen.

»Warum lässt Gott das zu?« Dies ist eine häufige Frage angesichts von Tragödien. Dahinter verbergen sich nicht selten einige anfechtbare Ideen, zum Beispiel: »Gott *darf* das *nicht* zulassen«, »Gott *muss* eingreifen (*und zwar so, wie ich mir das vorstelle*)«, »Ich weiß besser als Gott, was auf dieser Welt *zu geschehen hat*«, »Wenn sein Wille geschieht anstatt meiner, dann will ich mit Gott nichts zu tun haben«.

Letztlich geht es um die Frage, wer die Welt regiert. Das eigene Ego oder Gott? Eigentlich müsste jeder, der Gott vertraut und die Glaubensgewissheit hat, dass alles gut ist, die Geschehnisse dieser Welt ohne Wenn und Aber akzeptieren, unabhängig davon, ob er sie momentan versteht oder nicht. Indem man auch Gott gegenüber die Maxime »Vertrauen ist gut, Kontrolle ist besser« verfolgt, maßt man sich eine Überlegenheit an, die einem vielleicht nicht einmal bewusst ist.

Übrigens will ich mit diesen Ausführungen nicht unterstellen, dass Gott existiert. Diese Frage kann offenbleiben. Aber es ist reizvoll, zu untersuchen, wie viele irrationale, egozentrische Gedanken sich hinter dem eben genannten Vorwurf gegenüber Gott verbergen.

Genau genommen gibt es keine Tragödien, sondern nur Tatsachen. Der Begriff »Tragödie« schließt eine Bewertung mit ein. Selbst wenn viele sie teilen, wird daraus keine Tatsache. Will man ein Geschehen vorurteilsfrei erfassen, ist es hilfreich, sich zu überlegen, was eine Kamera aufzeichnen würde. Sie zeichnet ausschließlich den reinen Sachverhalt auf. Wir dagegen fügen sofort Beurteilungen wie »richtig« oder »falsch«, »angenehm« oder »unangenehm«, »Tragödie« oder »Glücksfall« hinzu. Was für die einen ein tragisches Ereignis ist, ist für die anderen ein Grund zur Freude oder beides oder keines von beidem. Es sind alles nur Bewertungen, Standpunkte und Meinungen.

Um Ihnen die Abhängigkeit der Wahrnehmung vom Blickwinkel zu verdeutlichen, möchte ich Sie zu folgendem Experiment einladen. Dazu müssen Sie Ihre Vorstellungskraft benutzen. Also: Ich halte einen Becher mit einem Henkel zwischen uns hoch. Auf welcher Seite befindet sich jetzt der Henkel? Für Sie zeigt er nach rechts, für mich nach links. Halte ich den Becher so, dass der Henkel zu mir deutet, sehen Sie ihn nicht. Aus Ihrer Sicht ist es ein Becher ohne

Henkel. Vielleicht haben Sie Lust, dieses Spiel mit verschiedenen Blickwinkeln mit einer anderen Person auszuprobieren. Dann wird es noch überzeugender.
Aufgrund unserer verschiedenen Sichtweisen und Bewertungen kommen uns dieselben Dinge so unterschiedlich vor. Wir leben auf derselben Erde und doch in verschiedenen Welten. Das Bewusstsein jedes Menschen ist anders entwickelt. So fassen wir die Objekte gegensätzlich auf und beurteilen sie uneinheitlich.
Die Tyrannei des Müssens macht unsere innere Welt klein, hässlich und leidvoll. Wir spielen uns auf wie Diktatoren und erleben den Konflikt mit der Wirklichkeit. Je mehr wir die Tatsachen verleugnen und verzerren, desto verrückter, beklemmender und problematischer wird unser Alltag. Die radikale Akzeptanz von allem befreit die Tatsachen von negativen Vorurteilen. Unsere Innenwelt wird augenblicklich größer, schöner und offener. Gelassenheit, Glück und Liebe bekommen endlich eine Chance, sich zu entfalten.

Vive la liberté!

Vor ein paar Tagen wollte ich mir einen Film ansehen. Auf einer Internetseite hatte ich mir ein Kino und eine Anfangszeit ausgesucht. Eine halbe Stunde vor Beginn wollte ich mich auf den Weg machen. Ich war gerade im Begriff zu gehen, als mir einfiel, dass es besser wäre, mich in der Zeitung noch einmal zu vergewissern, ob meine Informationen stimmten. Zu meinem Schrecken stellte ich fest, dass dieser Film an diesem Abend in diesem Kino nicht gezeigt wurde. Nun hätte ich mich für den Rest des Tages darüber ärgern können, mit Gedanken wie: »Wenn jemand Informationen auf eine Internetseite stellt, müssen die stimmen«, »Jetzt ist mir der Abend vermiest« und so weiter. Stattdessen habe ich mir überlegt, welcher Film sonst noch in Betracht kommt, und mir ein Kino ausgesucht, das ich innerhalb von dreißig Minuten erreichen konnte. Es wurde ein gelungener Abend!

Ein anderes Mal hatte ich zusammen mit meiner Frau eine Ferienwohnung gemietet. Als wir am Reiseziel ankamen und die Schlüssel entgegennehmen wollten, wurde uns mitgeteilt, dass die betreffende Wohnung leider belegt sei, wir aber eine andere Wohnung am Stadtrand bekommen könnten. Darauf hatten wir überhaupt keine Lust. Wir hatten extra ein Apartment in der City ausgewählt. Was tun? Da es schon Abend war, blieb uns nicht mehr viel Zeit. Wir prüften kurz unsere Möglichkeiten, setzten uns dann in ein Taxi und fuhren zu einem Hotel, in dem wir bereits mehrfach übernachtet hatten. Zunächst hieß es dort, dass wegen mehrerer Großveranstaltungen bereits alle Räume belegt seien. Wir standen etwas unschlüssig herum. Da kam eine sehr sympathische Mitarbeiterin des Hotels, die wir von früher kannten, hinzu und schlug uns vor, dass sie ein kleines Apartment, das eigentlich nur für eine Person gedacht sei, für uns herrichten könne. Wir waren sofort einverstanden.

Es stellte sich heraus, dass es ein entzückendes kleines Apartment mit einem großartigen Blick über die Stadt war. Es kostete zwar etwas mehr, als wir für die ursprünglich gemietete Ferienwohnung hätten zählen müssen, aber wir spielten mit dem Gedanken, den Vermieter auf die Differenz zu verklagen. Letztlich verzichteten wir darauf, weil der Schaden zu gering war, um einen jahrelangen Rechtsstreit zu führen. Als wir nach Hause zurückkehrten, erwartete uns allerdings eine Überraschung: Im Briefkasten lag ein Schreiben des Vermieters der Ferienwohnung, der uns seinerseits mit einer Klage drohte und auf vollständiger Zahlung des Mietpreises bestand. Er glaubte, mit dem Angebot einer Ersatzwohnung seine Pflichten erfüllt zu haben. Wir tauschten einige Briefe aus. Am Ende verlief die Sache im Sande. Fazit: Wir hatten unseren Urlaub gerettet. Alles andere war Nebensache.

Bestimmt haben Sie schon ähnliche Situationen erlebt. Wenn man seine ursprünglichen Pläne fallen lässt, sich Alternativen überlegt, die entweder genauso gut oder sogar besser sind, kann man sich meist eine Menge Frustrationen ersparen. Leider ist man nicht immer so geistesgegenwärtig. Laufen die Dinge anders, als man es sich vorgestellt hat, liegt es nahe, in Ärger und Enttäuschung zu versinken. Allerdings ist dies kein unabwendbares Schicksal. Als Lebenskünstler sollte man die Herausforderung annehmen und ein Happy End kreieren.

Der kubanische Musiker Compay Segundo (1907–2003), der erst mit neunzig Jahren seinen Durchbruch zu weltweitem Ruhm erlebte, konnte nicht nur Lieder schreiben und vortragen, sondern auch Zigarren drehen und Leuten die Haare schneiden. Deswegen sei er nie arbeitslos gewesen, verkündete er in einem Interview. Auf Kuba war Compay Segundo bereits in den 1950er-Jahren berühmt. Als er sich mit seinem Duopartner 1955 überwarf, trat er fünfzehn Jahre lang nicht auf. Erst im Alter von dreiundsechzig Jahren begann er wieder zu spielen, in einem Alter also, in dem andere sich zur Ruhe setzen. Sein Leben hört sich wie das eines Lebenskünstlers an. Compay Segundo spielte nicht nur mit der Gitarre, sondern auch mit Möglichkeiten. Als die Bedingungen für ihn nicht stimmten, klammerte er sich nicht an seine Musikerkarriere, sondern machte einfach etwas anderes.

Leider bestehen wir allzu oft darauf, unbedingt unseren Kopf durchzusetzen, ohne auf die Idee zu kommen, dass es vielleicht viel bessere Alternativen gibt. Stattdessen kämpfen wir und rackern uns ab, bloß um einen Plan zu verwirklichen, der sich doch schon längst als überholt herausgestellt hat. Der Streit, der Stress und all die Mühe, die mit dem Festhalten an einem bestimmten Vorhaben verbunden sind, lohnen sich in vielen Fällen gar nicht.

Damit will ich nicht sagen, dass man sofort neue Pläne machen sollte, sobald man auf Schwierigkeiten stößt. Aber es schadet auch nicht, sich klarzumachen, dass es viele Wege nach Rom gibt. Und Rom ist nicht die einzige Stadt auf diesem Planeten! Die Zahl der möglichen Ziele und Wege ist endlos. Man erschwert sich das Leben unnötig, wenn man sein Glück von einem einzigen Ziel und einem einzigen Weg abhängig macht.

Ein Beispiel, wie man seine Kräfte sinnvoll einsetzt und spielerisch mit Hindernissen umgeht, erlebte ich während meiner Schulzeit. Es hat mich beeindruckt. Ich war mit einem Mitschüler in der Stadt unterwegs. Wir wollten in ein Kaufhaus gehen, dessen Eingang mit mehreren schweren Schwingtüren ausgestattet war. Zehn Meter vor uns ging ein anderer Kunde. Eine der Türen schwang in seine

Richtung. Er stemmte sich erst gegen sie, um sie zu stoppen. Danach stieß er sie mit viel Kraftaufwand auf.
Mein Freund, der ein sehr guter Sportler war, murmelte nur »Kontraschwung« und schüttelte missbilligend den Kopf. Inzwischen hatten wir uns der Tür genähert. Sie hatte ihren Wendepunkt erreicht und kam uns nun wie zuvor dem Mann entgegen. Mein Schulkamerad blieb einfach stehen, nahm den Schwung der Tür mit einer kleinen Bewegung auf, ließ sie voll in unsere Richtung ausschwingen und wir konnten bequem, da die Tür jetzt weit offen stand, das Kaufhaus betreten.
Das Ganze geschah so mühelos. Es stand in krassem Gegensatz zur vorhergehenden Szene. Ich war verblüfft. Während der Mann gegen die Tür gekämpft hatte, hatte mein Freund mit ihr gespielt. Während der eine sie mit viel Kraftaufwand besiegt hatte, hatte der andere ein harmonisches Verhältnis zwischen uns und der Tür hergestellt. Jedes Mal, wenn ich heute beobachte, wie sich Leute mit Schwingtüren abplagen, fällt mir diese kleine Begebenheit wieder ein.
Eine Schwingtür ist neutral. Sie ist für jeden gleich. Wir haben die Wahl, wie wir auf sie reagieren wollen. Viele entscheiden sich für den schweren Weg. Sie stemmen sich gegen das, was ihnen wie ein Hindernis vorkommt. Andere, die mit offenen Augen durch die Welt gehen, lassen die Dinge auf sich zukommen, passen sich dem Spiel der Kräfte an, treten, wenn es sein muss, sogar einen Schritt zurück, um dann auf die eleganteste Weise ihren Weg fortzusetzen.
Fängt die Lebenskunst vielleicht damit an, wie man eine Tür durchschreitet?

Eine Frage der Perspektive

Halten Sie dieses Buch bitte für einen Augenblick dicht vor Ihre Augen. Riesig, nicht wahr? So groß, dass Sie kaum noch etwas anderes erkennen. Nun legen Sie es bitte weit weg, am besten in den hintersten Winkel des Raums. Sehen Sie es noch? Selbst wenn es in Ihrem Blickfeld bleibt, verschwindet es doch fast in der Menge der anderen Gegenstände.

Was Sie soeben in Ihrer Vorstellung oder real ausprobiert haben, trifft auf alles zu, was Platz in Ihrem Bewusstsein einnimmt. Ein kleiner Streit mit Ihrem Nachbarn zum Beispiel bekommt enorme Bedeutung, wenn Sie ihn sich – bildlich gesprochen – unmittelbar vor die Nase halten. Sobald Sie sich jedoch an Ihr übriges Leben erinnern, wird die Auseinandersetzung zur Lappalie.

Überlegen Sie einmal, was das Schlimmste wäre, das Ihnen passieren könnte. Ich will jetzt keine Beispiele nennen, um Ihre Fantasie nicht einzuschränken. Außerdem ist das denkbar Schlimmste für jeden etwas anderes. Was immer Sie als das Furchtbarste ansehen, das Ihnen zustoßen könnte: Nutzen Sie es, um den Stress, den Sie täglich erleben, ins rechte Verhältnis zu setzen. In Zukunft können Sie Ihren Ärger daran messen. Sie werden feststellen, dass alles, was Sie bisher für so wahnsinnig störend hielten, dagegen belanglos erscheint.

Der folgende Maßstab ist weniger drastisch, aber genauso hilfreich. Wenn Sie sich ärgern, ängstigen oder deprimieren, fragen Sie sich: »Wie wichtig ist dieses Ereignis für mich?« Schätzen Sie dies auf einer Skala von null bis zehn ein. Fragen Sie weiter: »Wie sehr ärgere, ängstige oder deprimiere ich mich deswegen?« Also: Wie hoch ist Ihr Stress auf einer Skala von null bis zehn? Danach vergleichen Sie die beiden Werte. Regen Sie sich mehr auf, als es der Anlass verdient? Stehen Ärger, Sorgen, Enttäuschung in einem angemessenen Verhältnis zur Bedeutung des Vorfalls? Nehmen wir an, jemand drängelt sich in einer Warteschlange vor. Erstens: Welchen Stellenwert hat dieser Zwischenfall auf einer Skala von null bis zehn für Sie? Zweitens: Wie sehr ärgern Sie sich darüber auf einer Skala von null bis zehn? Die Differenz zwischen der Bedeutung und dem Stress sollte möglichst nicht mehr als ein, zwei Punkte betragen.

Was einem heute auf die Nerven geht, ist morgen meist schon wieder vergessen. Der zeitliche Abstand verändert die Perspektive. Was meinen Sie? Welchen Stellenwert haben die Sorgen, die Sie sich heute machen, in zehn Jahren? Wie groß wird der Ärger, den Sie jetzt empfinden, in ein paar Monaten sein? Werden Sie Ihre Enttäuschung in dreißig Jahren noch genauso spüren wie heute?

Was uns selbst geschieht, nehmen wir stets sehr ernst. Die Probleme anderer kommen uns dagegen weniger bedrückend vor. Wie lässt sich dieser Umstand nutzen? Sie könnten sich angewöhnen, die eigenen Schwierigkeiten aus der Perspektive anderer Menschen zu sehen. Was würde ein Freund dazu sagen? Wie würde der gelassenste Mensch, den Sie kennen, an Ihrer Stelle reagieren?

Sie könnten das Ganze auch umdrehen. Falls eine Freundin in der gleichen Situation wäre, wie würden Sie die Lage einschätzen? Vielleicht identifizieren Sie sich so sehr mit Ihrer Freundin, dass Sie keinen Unterschied sehen. Dann

denken Sie an Leute, die Ihnen ferner stehen: Ihren Cousin dritten Grades, Ihren Zeitungshändler oder Ihren Automechaniker. Stellen Sie sich vor, diese Menschen hätten das Problem. Fänden Sie es dann genauso schlimm?
Der Schriftsteller Charles Bukowski notierte in seinem Tagebuch, als ihm die Krebsdiagnose mitgeteilt worden war: »Und zur selben Zeit beklagt sich irgendwo auf der Welt jemand, dass sein Hemd in der Reinigung einen Fleck bekommen hat.«

Wohin so eilig?

LebenskünstlerInnen handeln nicht unbedingt langsam. Sie können auch schnell sein. Jedoch sind sie nie in Eile. Warum auch? Was sollte ihnen entgehen? Die Welt ist voller Möglichkeiten. Um glücklich und zufrieden zu sein, gibt es genügend Ziele und Wege. Unter diesen Umständen kann man es sich erlauben, auf vieles zu verzichten, und erst recht, sich Zeit zu lassen. Einem entgeht trotzdem nichts, was wichtig wäre.
NormalbürgerInnen sehen das komplett anders. »Jetzt oder nie!« ist eine ihrer Devisen. Für sie zerfällt die Wirklichkeit, so wie sie sie sehen, in Entweder-oder, Schwarz-oder-weiß. »Das kommt nie wieder«, »Es gibt keine zweite Chance für einen ersten Eindruck«, »Wer zu spät kommt, den bestraft das Leben«, »Zeit ist knapp«, »Du hast nur dieses eine Leben«, »Wer nicht kommt zur rechten Zeit, der muss nehmen, was übrig bleibt«, so lauten weitere

Überzeugungen, mit denen sie sich das Leben schwer machen.

In Wahrheit ist die Zeit neutral. Jeder Mensch hat vierundzwanzig Stunden am Tag zu seiner Verfügung. Ob das knapp oder reichlich bemessen ist, entscheidet der Einzelne selbst. Die Zeit rennt nicht davon. Genauso wenig bleibt sie stehen. Wie sollte sie auch? Menschen rennen und hasten. Die Zeit hat damit nichts zu tun. Uhren können stehen bleiben, aber nicht die Zeit.

Die einzige Realität ist der Augenblick: was man jetzt gerade tut, was man in diesem Moment denkt, fühlt, sieht und hört. Die Vergangenheit und die Zukunft sind Vorstellungen, die nur im Geist existieren. Sie haben durchaus ihren Wert. Aus der Vergangenheit kann man lernen. Die Zukunft kann man planen. Aber das Leben spielt sich ausschließlich hier und jetzt ab. Mal gehen Pläne in Erfüllung, mal nicht. Man lernt aus der Vergangenheit oder auch nicht. Die Tatsachen dagegen sind gegenwärtig, ohne Wenn und Aber.

Wie kommt es, dass LebenskünstlerInnen selten in Eile sind? Sie stellen sich weniger unter den Zwang des Müssens. Wenn man denkt: »Ich *muss* das *unbedingt* noch schaffen«, »Ich *darf auf keinen Fall* zu spät kommen«, wird die Eile zum ständigen Begleiter. In den meisten Fällen ist sie allerdings vollkommen unnötig. Man bildet sich nur ein, ohne Alternativen dazustehen. Außerdem hängt es von der Zeitplanung ab – die in Wirklichkeit eine Zukunftsplanung ist –, ob man in Zeitnot gerät oder nicht. Normalerweise weiß man morgens schon, ob man sein Pensum tatsächlich schaffen kann. Leider denken viele dann: »Augen zu und durch«, um am Abend erschöpft festzustellen, dass es einfach zu viel war.

»Fahr so rechtzeitig los, dass du noch einen Reifen wechseln kannst«, so lautete in den Anfangsjahren des Automobilverkehrs eine bewährte Regel. Wir dagegen kalkulieren keine unvorhergesehenen Ereignisse mehr ein. »Just on time« heißt es heute. Fabriken halten keine Läger mehr vor. Die Einzelteile, die montiert werden sollen, rollen per Lkw zeitlich genau dann an, wenn sie gebraucht werden. Es wird allgemein erwartet, dass alles wie am Schnürchen läuft. Umso größer ist dann das Geschrei, wenn diese unrealistische Erwartung enttäuscht wird. Viele beklagen sich in diesen Tagen über die Unpünktlichkeit der Bahn. Aber wie soll ein Unternehmen, das täglich mit seinen Zügen Tausende Bahnhöfe ansteuert und dabei Millionen Fahrgäste befördert, immer pünktlich sein? Niemand kann so etwas leisten. Nur wir glauben das. Aber nicht alle hegen solche übertriebenen Ansprüche. In vielen Ländern dieser Welt kann man nicht damit rechnen, dass die Eisenbahn pünktlich fährt. Im Gegenteil: Der Zug kommt, wenn er kommt. Bevor Sie jetzt denken, ich wolle der Deutschen Bahn einen Freibrief ausstellen, möchte ich zum Ausgangspunkt zurückkommen. *Müssen* die Züge auf die Minute den Fahrplan einhalten? Warum? Ist Ihre Zeitplanung so eng? Nehmen Sie prinzipiell den letztmöglichen Zug und riskieren damit, dass Ihre Planung durcheinanderkommt, wenn es mal nicht klappt? Finden Sie es unerträglich zu warten? Dann könnte es sich für Sie lohnen, den nächsten Abschnitt besonders sorgfältig zu lesen!

Ganz entspannt im Hier und Jetzt

Den ganzen Tag lang versuchen wir, unsere Ziele zu erreichen – und wir haben viel vor! Praktisch jede Minute ist verplant. Bei der Wahl unserer Mittel sind wir nicht besonders umsichtig. Wir vergessen unter anderem unseren Körper. Gefangen in unserem Hamsterrad, verkrampfen wir uns, kommen außer Atem, gönnen uns keine Ruhepause. Wenn der Körper nicht mehr mitmachen will, muss eben der Arzt helfen. So entsteht eine Menge unnötiges Leid.

Dabei müsste unser Alltag nicht unbedingt mit Stress verbunden sein. Es ist möglich, ohne Druck zu handeln. Leider leben wir in einer Kultur, in der sich viele gar nicht mehr vorstellen können, wie das gehen soll. Hinzu kommt, dass oftmals von außen zusätzlicher Druck erzeugt wird, indem Termine, Fristen und zu knappe Budgets vorgegeben werden. Dann wird es noch schwerer, sich der so verbreiteten Stressmentalität zu entziehen. Zu viele Pflichten, zu hohe Erwartungen, zu wenig Zeit.

Diese Konstellation ist kein Naturereignis. Der meiste Stress ist selbstverursacht. Niemand kann ernsthaft leugnen, dass es durchaus möglich wäre, sich häufiger, länger und tiefer zu entspannen, zurückzukommen in die Gegenwart und die Seele einfach mal baumeln zu lassen.

Wer Stress im Beruf hat, könnte für Ausgleich in der Freizeit sorgen. Wo steht geschrieben, dass man sich ständig überfordern muss? Aber die Gelegenheiten zur Entspannung bleiben vielfach ungenutzt.

Zwei Wege führen zur Gelassenheit. Der erste ist zwar

unrealistisch, aber der häufiger gewählte. Er setzt voraus, dass man alle seine Ziele erreicht. Danach kehrt Ruhe ein. So weit die Theorie. In der Fantasie funktioniert dieses Modell ausgesprochen gut. Deshalb wirkt es so attraktiv. Die Wirklichkeit sieht leider anders aus. Es ist das ewige Lied: »Erst muss ich noch ..., dann ruhe ich mich aus.« Der Moment, wo alles so ist, wie man es sich vorstellt, kommt nie. Mit dieser Strategie landet man im Hamsterrad, aber nicht auf der Chaiselongue.

Apropos Chaiselongue: Gelegentlich überlege ich, ob ich der Gesellschaft zur Rettung bedrohter Wörter beitreten sollte. (Gibt es die eigentlich?) Veränderungen im Wortschatz signalisieren einen entsprechenden Wandel in der Lebenswirklichkeit. So ist es kein Zufall, dass Wörter wie Chaiselongue, Ottomane, Muße, Müßiggang immer seltener vorkommen. Das dazu passende Verhalten, das ganz entspannte Dasein im Hier und Jetzt, ist nämlich ebenfalls zu einer Randerscheinung verkommen. Selbst wer es sich leisten könnte, ein gemächliches (auch bedroht!) Leben zu führen, nimmt Abstand davon.

Müßiggang ist ... genau: aller Laster Anfang. So wurde jahrhundertelang das entspannte Leben denunziert. Aber lassen wir das. Muße hat jedenfalls mit Müssen gar nichts zu tun. Es ist das glatte Gegenteil davon. Wer sich Muße gönnt, kann das Denken, Fühlen, Handeln, Atmen und den Körper entspannen. Vielleicht wäre jetzt eine erstklassige Gelegenheit dazu: Ich höre für ein paar Minuten – oder auch Stunden (mal sehen) – auf zu schreiben und Sie legen das Buch zur Seite. Nachher sehen wir uns wieder.

...

Einen Becher Tee und ein paar Baumkuchenspitzen später: Also ich für meinen Teil meinte es wirklich ernst mit der Pause. Vielleicht haben Sie meinen Vorschlag ja beherzigt und auch ein bisschen abgeschaltet.

Wie dem auch sei: Ich schulde Ihnen noch die andere Möglichkeit, um den Stress hinter sich zu lassen. Die erste ist – wie wir gesehen haben – äußerst problematisch; denn wenn man den Entschluss zum Entspannen abhängig macht vom Eintreten bestimmter Umstände, kommt man höchstwahrscheinlich nie dazu. Deshalb habe ich vorhin mitten im Schreiben einfach aufgehört, ohne zu warten, bis ich diesen Abschnitt beendet habe. Papier ist schließlich geduldig. Und was ein Blatt Zellulose kann, vermag ich auch.

Die Alternative zum Erst-noch-dies-dann-noch-das besteht also darin, ganz entspannt im Hier und Jetzt zu leben. Das geht nur, indem man der Gelassenheit eine gewisse Priorität einräumt, wenigstens aber eine Parität. Wenn man seinen Pflichten und Wünschen die ganze Zeit Vorrang gibt, kann es nicht funktionieren. Ich könnte auch, wie manch anderer Schriftsteller, bis zur Erschöpfung schreiben. Aber wozu? Ich entspanne mich lieber beim Schreiben, mache Pausen und komme trotzdem recht gut voran.

Gelassenheit bedeutet, die Dinge einfach mal so sein zu lassen, wie sie im Moment gerade sind. Zwar ist es wichtig, Probleme zu lösen, sich Ziele zu setzen und daran zu arbeiten. Wir kommen in späteren Kapiteln noch dazu. Aber nicht zufällig steht Gelassenheit am Anfang des Buchs. Der Wille, die Welt zu verändern – sei es die persönliche oder die große, weite –, ist eine der treibenden Kräfte im Leben. Veränderung ist jedoch eine begrenzte

Strategie. Egal wie lange man lebt und wie sehr man sich anstrengt: Es wird nie alles so werden, wie man es gerne hätte.

Übertriebene Vorstellungen loszulassen, überhaupt einmal alle Pläne ruhen zu lassen und in die Gegenwart zurückzukehren – genauer gesagt: wahrzunehmen, was in diesem Moment ist, und sich zu entspannen –, führt zu größerer Harmonie mit der Umwelt.

Zielvorstellungen, Pläne und so weiter lassen eine Diskrepanz zur gegenwärtigen Realität entstehen. Sie verursachen eine Spannung. Diese lässt sich nur auflösen, indem man die Wirklichkeit den eigenen Vorstellungen anpasst oder seine Pläne ganz oder vorübergehend aufgibt. Die Anpassung der Realität an die persönlichen Bedürfnisse ist verlockend, aber sie fordert einen hohen Preis. Man muss eine Menge Zeit, Energie und meistens auch Geld aufwenden. Und egal wie viel man investiert: Die Dinge haben die Tendenz, sich den eigenen Wünschen zu widersetzen. Scheinbar aus dem Nichts tauchen Hindernisse auf. Dass alles so läuft, wie man es sich erhofft hat, ist reines Wunschdenken. Auf diesem Weg kommt man nie zur Ruhe.

Aber auch das (vorübergehende) Loslassen der Pläne ist für die meisten nicht so einfach. Doch ist es prinzipiell leichter als deren Verwirklichung. Loslassen ist reine Kopfsache. Es geschieht im Bruchteil einer Sekunde, ohne jede Anstrengung, und erfordert keinerlei materielle Mittel. Nur der Übergang von einem Gedanken zum anderen ist nötig. Man ersetzt seine Vorstellungen von der Zukunft durch die Wahrnehmung des Hier und Jetzt, zum Beispiel indem man seinen Körper spürt. Dieser ist stets gegenwärtig.

Nur die Gedanken sind oft woanders. Indem man Bewusstsein und Gegenwart zusammenbringt, lösen sich die Spannungen und es entsteht Harmonie. Eigentlich ganz einfach. Eigentlich!

Lebenslust

Hinwendung zum Guten, Wahren, Schönen

Es ist leichter, lozulassen, wenn man sich gleichzeitig etwas Neuem zuwendet, genau genommen ist es sonst überhaupt nicht möglich. Das Bewusstsein kann nicht nirgendwo sein. Es ist immer auf etwas gerichtet. Sich von etwas abzuwenden und anderem zuzuwenden, ist daher ein einziger Vorgang.

Der Grundirrtum beim Festklammern besteht darin, dass man glaubt, nie wieder glücklich werden zu können, wenn man loslässt. Man hat Angst, nur die Dinge, die man als sein Eigentum betrachtet oder sich zumindest zurechnet, würden einem das Glück garantieren. Es fehlt an Vertrauen, dass die Welt einem mehr Möglichkeiten bietet, ein gutes Leben zu führen, als die, die man bereits kennt.

Ins Unbekannte aufzubrechen, ist immer ein Risiko. Daher fällt es leichter, loszulassen, wenn man eine Alternative vor Augen hat. Sieht man am Horizont einen Silberstreif, dann wächst die Hoffnung, dass alles gut wird.

Niemand möchte von einer unangenehmen Erfahrung zur nächsten wechseln. Der Volksmund nennt das: vom Regen in die Traufe kommen. Vielleicht noch schlimmer ist es, etwas Angenehmes gegen Unangenehmes einzutauschen. Das ist die befürchtete Situation, die einem das Loslassen so schwer macht.

Leider muss man bei jeder Veränderung durch eine Phase des Ungewohnten hindurch. Das Neue fühlt sich nicht immer von Anfang an gut an. Es ist noch zu fremd. Nach einer gewissen Übergangszeit legt sich das. Manche sprechen in diesem Zusammenhang von einer Komfortzone. Will man etwas verändern oder wird man zur Neuorientierung gezwungen, muss man die vertrauten Verhältnisse aufgeben. Man durchlebt eine Periode des Übergangs, die typischerweise mit gemischten Gefühlen verbunden ist. Danach entsteht, wenn alles gut geht, eine neue Komfortzone. Nicht einmal der Übergang vom Schlechten zum Guten ist so einfach, wie man sich das vorstellt. Es braucht stets eine gewisse Zeit, um sich an das Neue zu gewöhnen.
Was LebenskünstlerInnen besonders gut können: Sie wechseln von einer guten Erfahrung zur nächsten. Sie haben ein Auge für das Schöne, Gute und Wahre. Jede Umgebung bietet Gutes und Schlechtes. LebenskünstlerInnen erkennen mit traumwandlerischer Sicherheit das Gute und entscheiden sich dafür.
Genauso ausgeprägt ist ihre Fähigkeit, unangenehme Dinge in etwas Erfreuliches zu verwandeln. LebenskünstlerInnen erkennen das Potenzial, das in hässlichen Gegenständen, schlechten Erfahrungen und verdrehten Gedanken steckt. Ideen, die den Tatsachen widersprechen, lassen sich – wie wir gesehen haben – korrigieren. Aus schlechten Erlebnissen kann man lernen. Dann braucht man sie nicht zu wiederholen. Hässliche Gebäude zum Beispiel können durch Kreativität, Farbe und ein paar Umbauten oft ausgesprochen attraktiv werden.
Aber stimmt es überhaupt, dass die Welt sowohl Gutes als auch Schlechtes bietet? Überwiegt nicht mit Abstand das

Negative? Findet man nicht überall Krankheit, Alter und Tod? Lesen und hören wir nicht täglich von neuen Katastrophen? Haben diejenigen nicht recht, die behaupten, alles Leben sei Leiden?

Wenn man gerade in einer depressiven Phase steckt, wird man dieser These vorbehaltlos zustimmen. Die ganze Welt wirkt in dieser inneren Verfassung finster und unangenehm.

Man malt alles in schwarzen Farben, sieht sich, die anderen und die Zukunft negativ. Nichts stimmt mehr. Die Welt scheint einen Riss zu haben. Die Grundstimmung eines Depressiven haben die Rolling Stones in einem Song treffend zum Ausdruck gebracht: »No colours anymore, I want to paint it black.«

Falls Sie das Buch bis hierhin aufmerksam gelesen haben, wissen Sie, dass die Dinge an sich einen weder glücklich noch unglücklich machen. Die Tatsachen sind neutral. Die Welt ist, wie sie ist. Weder schön noch hässlich, weder gut noch schlecht. Erst die eigene Sichtweise färbt die Tatsachen ein. Trägt man eine Brille mit schwarzen Gläsern, wirkt alles grau, düster und hoffnungslos. Setzt man dagegen die rosarote Brille auf, verändert sich das Bild schlagartig. Die Welt wird mit einem Mal bunt, vielfältig und heiter. Man liebt die Menschen, begeistert sich für alles Mögliche und möchte ewig weiterleben.

Mit einer klaren Brille, also einer, deren Gläser in keiner Weise eingefärbt sind, ergibt sich ein drittes Bild. Man sieht die reinen Tatsachen. Eine Blume ist eine Blume, ein Vogel ist ein Vogel und Menschen sind so, wie sie sind. Was passiert, ist weder gut noch schlecht, sondern einfach die ungeschminkte Realität. Fühlt man sich mit dieser Brille

schlecht? Nein, man ist gelassen, steht ein Stück über den Dingen, beobachtet einfach, was geschieht. Ist das ein gutes Gefühl? Eher ja. Eigentlich ist es ein Gefühl, das weder gut noch schlecht ist. Am zutreffendsten wären Beschreibungen wie ruhig, entspannt, neutral, zufrieden.
Nach diesen Ausführungen werden Sie verstehen, dass ich denjenigen, die meinen, das Leben sei leidvoll, nicht zustimme. Es ist Leiden, aber es ist auch Freude. Genau genommen ist es einfach, was es ist. Es umfasst alles. Wäre es anders, könnte man sich vom Leiden niemals befreien. Dann müssten Depressive ihr Leben lang todtraurig bleiben und es gäbe keine LebenskünstlerInnen.
Schauen wir uns das Bild, in dem Krankheit, Alter und Tod vorherrschen, einmal genauer an. Wir erkennen dann, dass viele Kranke wieder genesen. Wir sehen die Gesunden. Mehr noch: Wir stellen fest, dass immer und überall Kinder geboren werden, dass nicht alle Alten krank, dement und gebrechlich werden. Der Tod ist eine Tatsache. Aber dass dann alles vorbei ist oder danach die Hölle auf uns wartet, ist einfach eine negative Meinung. Dass der Gestorbene noch gerne weitergelebt hätte, mag sein. Aber wer könnte beweisen, dass es ihm nach dem Tod schlecht geht? Der Körper zerfällt. Aber wer könnte mit Sicherheit behaupten, dass der Mensch nur aus seinem Körper besteht? Die Hinterbliebenen trauern. Das ist ebenfalls eine Tatsache, allerdings unzulässig verallgemeinert. Erstens trauern nicht unbedingt alle Angehörigen und Freunde. Menschen haben unterschiedliche Einstellungen zum Tod und die Meinungen über den Verstorbenen gehen oft auseinander. Deshalb fühlen und reagieren sie nicht alle gleich. Und zweitens nimmt die Trauer in dem Maße ab, in dem

sich die Hinterbliebenen wieder anderen Dingen zuwenden. Nichts bleibt so, wie es ist, auch die Trauer nicht.
Wir sehen also, wenn wir genauer hingucken, ein differenziertes Bild. Wann immer jemand sagt: So ist die Welt, kann ein anderer ergänzen: Ja, aber sie ist auch anders. Sie ist mehr als das.
Jeder lebt in seiner eigenen Welt. Mit den Gedanken, Gefühlen und Handlungsweisen kreiert man seinen persönlichen Kosmos. Man wählt seine äußere Umgebung. Nicht unbedingt als Kind und weniger, wenn man in einer Diktatur lebt. Aber sofern man erwachsen und frei ist, kann man grundsätzlich entscheiden, wo und wie man leben will. Noch stärker wählt man seine Innenwelt. Hier ist die Freiheit unbegrenzt. Selbst Diktatoren können den anderen ihre Gedanken nicht aufzwingen. Sie versuchen es mit ihrer Propaganda, aber es gelingt ihnen auf Dauer nicht. Abraham Lincoln hat es erfasst: Man kann alle Leute eine Zeit lang hereinlegen, einige sogar die ganze Zeit, aber nicht alle Leute die ganze Zeit.
LebenskünstlerInnen tragen überwiegend die rosarote Brille. Allerdings steht das Tragen einer rosaroten Brille in einem schlechten Ruf – was den LebenskünstlerInnen ziemlich egal ist! Schließlich kann jeder tun, was er oder sie will. Bei Bedarf setzen aber auch LebenskünstlerInnen die schwarze oder die klare Brille auf. Es gibt Situationen, wo dies besser ist. Will man zum Beispiel Risiken einschätzen, ist es besser, sie durch alle möglichen Brillen zu betrachten. Mit der schwarzen sieht man den schlechtestmöglichen, mit der rosaroten den bestmöglichen und mit der klaren den wahrscheinlichsten Ausgang.
Inzwischen hat die rosarote Brille sogar den Segen der

Wissenschaft. Studien haben ergeben, dass Optimisten völlig zu Unrecht vorgeworfen wird, Traumtänzer zu sein. Im Gegenteil: Sie sind flexibler als Pessimisten und können, wenn es nötig ist, Risiken und Probleme sehr wohl richtig einschätzen. Lange glaubte man, das sei das Privileg der Pessimisten. Heute weiß man, dass Schwarzmalerei gefährlich ist. Man sieht überall nur Negatives, macht sich viel zu viele Sorgen, ärgert sich im Übermaß und leidet permanent unter schlechter Laune. Kurzum, mit der schwarzen Brille vor Augen erzeugt man eine Menge Stress, der nur der Gesundheit und dem Glück schadet.
Ein Grund mehr, sich dem Guten, Wahren und Schönen zuzuwenden.

Die Langsamkeit entdecken

Lebenskunst hat etwas mit Langsamkeit zu tun. Können Sie sich einen Lebenskünstler vorstellen, der immer wieder unter Zeitdruck steht? Das passt einfach nicht. Warum nicht? Weil Langsamkeit der logische zweite Schritt ist. Erst wendet man sich dem Schönen, Erfreulichen, Angenehmen zu und dann will man es genießen. Genuss braucht Zeit!
Sie können es ausprobieren. Nehmen Sie etwas, was Sie gerne essen. Versuchen Sie, es möglichst schnell zu essen. Stellen Sie sich vor, Sie seien in Eile. Dann schätzen Sie das Erlebnis auf einer Skala von null bis zehn ein. Zehn bedeutet: Es war köstlich. Null steht für: Das hätte ich mir

sparen können. Fünf ist die Mitte: Es war nicht schlecht, aber auch nicht toll. Wo zwischen null und zehn würden Sie Ihre Erfahrung einordnen?
Dann verspeisen Sie das Gleiche am nächsten Tag noch einmal. Nehmen Sie sich diesmal Zeit dafür. Lassen Sie den Leckerbissen auf der Zunge zergehen. Kauen Sie gründlich, sodass sich das Aroma voll entfalten kann. Danach schätzen Sie das zweite Erlebnis ebenfalls auf einer Skala von null bis zehn ein. Es ist wichtig, zwischen beiden Experimenten einen Tag verstreichen zu lassen; denn je länger man etwas isst, desto mehr nimmt die Lust ab. Ihr Eindruck sollte davon unbeeinflusst bleiben. Der Unterschied besteht allein darin, dass Sie sich beim ersten Mal wenig Zeit nehmen und beim zweiten Mal viel.
Wir leben in einer schnelllebigen Zeit, die das Genießen schwer macht. Der englische Psychologe Richard Wiseman hat in einer Untersuchung festgestellt, dass das Tempo der Fußgänger in verschiedenen Städten der Welt in den letzten Jahren zugenommen hat. Doch Vorsicht: Nicht die Zeit ist schnelllebig. Wir sind es, die immer mehr hetzen, weil wir schneller mit besser verwechseln. »Schneller, höher, weiter«, so lautet das Motto der neuzeitlichen Olympischen Spiele, das zugleich den Alltag bestimmt. Wir sind auf Rekordjagd, nicht nur im Sport, sondern auch in der Wirtschaft, in der Politik und im Privatleben. Höhere Profite, größere Umsätze, mehr Konsum. Hochgeschwindigkeitszüge, schnellere Computer, Formel-1-Rennen. Fast Food und Coffee to go: Der Genuss bleibt dabei auf der Strecke.
Lebenskünstler legen keinen Wert auf Schnelligkeit. Sie verfügen über ein besonderes Luxusgut, nämlich Zeit. Anders als ihre Mitmenschen, die so oft unter Zeitknapp-

heit leiden, leisten sich Lebenskünstler einen verschwenderischen Umgang mit der Zeit. Das darf man nicht so verstehen, dass sie mit ihr nichts anzufangen wüssten. Ganz im Gegenteil: Sie wissen genau, was Sie wollen und was ihnen wichtig ist. Und genau dafür nehmen Sie sich Zeit. Die anderen dagegen kennen häufig ihre Ziele nicht, setzen keine Prioritäten und versinken deshalb im Treibsand der unendlich vielen kleinen Erledigungen, die ihnen nur deshalb so wichtig scheinen, weil sie sich nie überlegen, was ihnen wirklich etwas bedeutet.
Ich sehe diese Probleme regelmäßig, weil ich immer wieder Menschen coache, die überlastet sind. Sobald sie das Wichtige vom Unwichtigen getrennt haben, wird ihr Leben überschaubar. Der Stress nimmt ab und die Lebenslust zu. Zeitknappheit ist dabei nur das vordergründige Problem. Vielmehr geht es darum, was jemand mit seinem Leben anfangen möchte. Viele trauen sich nicht, das zu tun, was sie eigentlich tun wollen. Aber es ist möglich, den Weg dahin zu finden.

Vereinfachen

Was ist wichtig? Dieser Frage sollte man nicht ausweichen. Sonst stellen sich unangenehme Folgen ein: Man verzettelt sich und das Leben wird kompliziert. Weniges ist wichtig, das meiste unwichtig, aber ohne Klarheit über die wesentlichen Dinge des Lebens versinkt man bald in einem Wust von Nichtigkeiten. Man hat zunehmend weniger Zeit, stellt sich die Wohnung mit immer mehr Krempel voll und verliert langsam, aber sicher die Übersicht. Ohne Prioritäten erscheint alles gleich wichtig. Oder unwichtig! Mal schwirrt einem der Kopf wegen all der Dinge, die man noch erledigen muss. Ein andermal fragt man sich in einem Moment der Ruhe (sehr selten!), was das alles soll und wo der Sinn des Lebens bleibt.

Karen Kingston hat in ihrem Buch »Feng Shui gegen das Gerümpel des Alltags« eine unkomplizierte Formel gefunden, um das Leben zu vereinfachen. Man stellt alles auf den Prüfstand, indem man fragt: Fühlt sich das gut an? Und: Brauche ich das unbedingt? Was diesen Test nicht besteht, kann man aus seinem Leben streichen.

Manches fühlt sich nicht gut an, ist aber trotzdem für bestimmte Zwecke unentbehrlich. Bei mir sind das unter anderem die Ordner mit den Steuerunterlagen. Am liebsten würde ich sie wegwerfen, aber leider muss man sie ein paar Jahre aufbewahren. Nichts zu machen!

Anderes dagegen fühlt sich vielleicht gut an, hat aber keine Funktion außer der, dass es einen erfreut, wenn einem die Sache in die Hände fällt. Da gilt es vorsichtig zu sein: Wirft man sie vorschnell weg, bedauert man es unter Umständen später. Man kann diese Dinge erst einmal in Kartons packen und in den Keller räumen. Vermisst man sie längere Zeit nicht, kann man die Kartons wegwerfen, ohne noch einmal hineinzusehen.

Die Frage, ob man einen Gegenstand unbedingt braucht, bezieht sich auf die Gegenwart und die nahe Zukunft, sagen wir: auf längstens ein Jahr. Sobald man anfängt zu grübeln, ob man dieses Geschenk von Onkel Theobald vielleicht irgendwann doch einmal – und sei es in fünfzig

Jahren – gebrauchen könnte, sitzt man in der Falle. Theoretisch kann man alles eines Tages noch verwenden. Deshalb lautet die Frage strikt: Brauche ich das zurzeit (oder in den kommenden zwölf Monaten) dringend?
Im Prinzip kann man alles auf den Prüfstand stellen: Möbel, Kleidungsstücke, Schuhe, Bücher, Computerdateien, aber auch Freunde, Geschäftspartner und Verwandte. Bei Beziehungen zögert der eine oder andere vielleicht, ob man da nach der Nützlichkeit fragen darf. Ich will Ihnen diese Entscheidung nicht abnehmen, sondern nur darauf hinweisen, dass einem die Zeit für wirklich gute Freunde fehlt, wenn man sie mit Menschen verbringt, die man weder liebt noch nützlich findet.
LebenskünstlerInnen wissen genau, was Sie mögen und brauchen. Dadurch steigt ihre Lebenslust in beachtliche Höhen. Die anderen plagen sich tagaus, tagein mit unerfreulichen und entbehrlichen Informationen, Sachen und Menschen herum, könnten diesen beklagenswerten Zustand aber sofort ändern, indem sie anfangen, darüber nachzudenken, was ihnen denn wirklich wichtig ist.

Das Leben als Kunstwerk

Am Anfang steht nicht mehr als eine Idee. Vielleicht ist es sogar nur eine vage Ahnung. Irgendwann wird daraus ein Plan. Dieser ist natürlich nicht in Stein gemeißelt, sondern kann jederzeit geändert werden. Aber ohne eine Idee entsteht überhaupt nichts.

Wie sollte dies auch anders sein? Der Bau eines Hauses beginnt mit einem Entwurf. Der Architekt zeichnet einen detaillierten Plan. Sonst könnte die Arbeit nicht beginnen. Man kann erst handeln, wenn man weiß, zu welchem Zweck. Am Anfang jeder Reise steht eine Vorstellung, sei sie auch noch so unbestimmt. Zumindest eine Richtung muss festgelegt werden. Sonst ist der erste Schritt unmöglich.

Erstaunlicherweise haben die wenigsten eine Vorstellung von ihrem Leben. Meist sind da nur ein paar verstreute, zusammenhanglose Einfälle, die über bloße Stichwörter nicht hinausgehen: Kinder, ein Haus, ein Beruf, der viel Geld einbringt, Reisen. Das reicht aber nicht. Es ist zu allgemein. Ein Architekt könnte keine Bauzeichnung anfertigen, hätte er nur Angaben wie: eine große Küche, ein schönes Dachzimmer, ein Wohnzimmer mit einem Kamin, ein Traumhaus. Ja, nun! Wie groß soll die Küche denn sein? Was versteht einer unter einem schönen Dachzimmer? An welcher Stelle soll der Kamin sein? Kurz: Wie soll das Traumhaus aussehen, wenn es fertig ist? Hunderte von Details müssen festgelegt werden, bevor der Traum Wirklichkeit werden kann.

Ein erfülltes, schönes Leben: Das ist wohl der Wunsch der allermeisten Menschen. Aber wer macht sich schon Gedanken über die Einzelheiten? Haben Sie eine Vorstellung davon, was Sie mit Ihrer Zukunft anfangen wollen? Wenn Sie achtzehn Jahre alt sind, haben Sie wahrscheinlich noch sechzig Jahre vor sich, möglicherweise sogar achtzig oder mehr. Die Dauer des Lebens gehört zum Lebensplan dazu. Vielleicht wollen Sie einwenden, dass ja niemand wisse, wie alt er werde. Das stimmt. Aber bei einem Plan weiß man prinzipiell nicht, ob er jemals Wirklichkeit wird. Ein Architekt kann sich nicht sicher sein, ob sein Entwurf realisiert wird. Vielleicht gelingt dem Auftraggeber die Finanzierung nicht oder er überlegt es sich anders und gibt sein Vorhaben auf. Vielleicht wird der Plan von der Baubehörde nicht genehmigt. Oder der Boden zeigt nach den ersten Bauarbeiten eine andere Beschaffenheit als gedacht, sodass der Plan geändert werden muss.

Nur wenige Vorhaben werden so realisiert, wie sie ursprünglich angelegt waren. Das ist typisch für Pläne. Trotzdem sind sie unentbehrlich für jedes Vorhaben. Wie wollen Sie auch nur ein Essen kochen, ohne eine Idee vom Ergebnis zu haben und zu unterstellen, dass es Ihnen gelingen wird? Selbst in einem Restaurant bekommen Sie kein Menü, ohne der Bedienung Ihren Wunsch mitzuteilen.

Einige Menschen möchten sich nicht festlegen. Sie fürchten, einen Fehler zu machen. Oder sie scheuen sich, durch ihre Wahl alle anderen Möglichkeiten auszuschließen. Ich kann das verstehen. Mir geht es gelegentlich genauso. Selbst beim Schreiben dieses Buchs bin ich gezwungen, mich festzulegen und auf zahlreiche andere Möglichkeiten zu verzichten. Irgendwo habe ich zu diesem Thema das Zitat eines Kollegen aufgeschnappt, das sinngemäß lautete: »Vor dem Schreiben bist du vollkommen frei. Mit dem ersten Satz hast du dich festgelegt, mit dem zweiten büßt du weitere Freiheiten ein und mit dem dritten sitzt du in der Falle.« Man zahlt einen Preis. Aber sonst würde kein Buch – und auch sonst nichts – entstehen.

Ich habe mich entschieden, diesen Preis zu zahlen, und kann Ihnen versichern, dass es sich lohnt, einen detaillierten Plan zu machen. Ich weiß, dass es KollegInnen gibt, die einfach ins Blaue hinein schreiben. Irgendwann haben sie ein paar Hundert (oder einige Tausend!) Seiten. Und dann? Dann bleibt ihnen nichts anderes übrig, als doch noch einen Plan zu machen. Was ziemlich schwer ist, wenn man keine Übersicht mehr über das Geschriebene hat. Deshalb habe ich mich entschlossen, den Plan lieber zu Beginn zu machen. So wie ein Architekt es tun würde. Bevor ich zu schreiben anfange, kenne ich das Manuskript schon in allen Einzelheiten. Das hat unter anderem den enormen Vorteil, dass ich es mir ohne Weiteres leisten kann, das Schreiben, wenn es sein muss, für einige Wochen zu unterbrechen, ohne den roten Faden zu verlieren.

Bei meinem ersten Buch war das noch anders. Ich musste zwei Kapitel umstellen, weil ich es nicht genügend durchdacht hatte. Diese Änderungen mitten im Schreibprozess vornehmen zu müssen, war ziemlich mühselig. Es kam mir vor, als müsste ich Teile eines Hauses herausbrechen und an anderer Stelle wieder einfügen. Das geht nicht so einfach. Die Konstruktion kann dabei zusammenbrechen. Die Anschlüsse müssen passen und die »Nähte« sauber verarbeitet werden.

Dass ein Plan am Anfang der Arbeit stehen sollte, hat mir auch ein Dokumentarfilm deutlich gemacht, in dem ein namhafter Maler bei der Arbeit gezeigt wurde. Er quälte sich monatelang mit einem Bild ab, übermalte einzelne Partien immer wieder, stand täglich unschlüssig vor seinem Werk, ging spazieren, suchte nach Ideen, malte weiter, verwarf das Ergebnis wieder und so weiter und so weiter. Schon das Zuschauen war irgendwie quälend. Was ihm fehlte, war offensichtlich eine Vorstellung vom fertigen Bild. Man kann so arbeiten, keine Frage. Aber es ist einfacher, vorher Entwürfe im Kopf oder Skizzen auf dem Papier zu machen. Auf Anhieb ein fertiges Bild zu schaffen, ist nahezu unmöglich.

Manche Regisseure drehen ihre Filme so ähnlich wie dieser Maler. Sie beginnen ohne fertiges Drehbuch. So Gott will, entsteht auf diese Weise tatsächlich ein Film. Das Ergebnis interessiert aber eher Cineasten als das Publikum. Die größten Werke der Filmgeschichte sind fast ausnahmslos nach einem detaillierten Plan geschaffen worden.

Ein Buch ohne Plan zu beginnen, mag noch angehen. Ein Bild ohne Entwurf zu malen: warum nicht? Einen Film kann man notfalls aufs Geratewohl drehen. Wenn diese Vorhaben misslingen, wirft man die Ergebnisse eben weg. Mit einem Leben sollte man dies nicht tun. Ohne Ziel, ohne Plan, ohne Richtung macht es keinen Spaß, jedenfalls nicht auf Dauer. Es ist dann genauso quälend, so uninspiriert wie oben beschrieben und die Ergebnisse bleiben völlig dem Zufall überlassen. Das Risiko, dass ohne Plan nichts Rechtes dabei herauskommt, ist groß.

Vielleicht fragen Sie sich aber, ob es denn nicht zu langweilig wird, wenn man nach einem Plan vorgeht. Wo bleibt die Improvisation? Darum braucht man sich keine Sorgen zu machen. Selbst wenn man einen genauen Plan hat, muss man ständig improvisieren. Wenn ich mit einem Buch beginne, kenne ich noch keinen einzigen Satz. Allenfalls habe ich mir zwei, drei Sätze notiert, die ich wortwörtlich im Text unterbringen will. Aber welche Worte und Sätze ich finden werde, weiß ich trotz meines Plans nicht. Deshalb ist es jedes Mal spannend zu sehen, wie der Text Wort für Wort entsteht.

Außerdem kommen ständig Dinge dazwischen. Man kann

nicht alles voraussehen. In vielen Momenten muss man improvisieren, das heißt auf etwas Unerwartetes so reagieren, dass es dem vorgestellten Ergebnis möglichst nahekommt. Auch das empfinde ich (meistens) als großes Vergnügen. Probleme zu lösen, macht mir grundsätzlich Spaß.

Beim kreativen Prozess ist es wichtig, auf eine Fähigkeit zurückzugreifen, die der amerikanische Philosoph und Psychologe Eugene Gendlin »Focusing« genannt hat. Im Prinzip kennt jeder dieses Verfahren. Wenn man von einer Speisekarte das Passende aussucht, wendet man Focusing an. Oder wenn man sich beim Ankleiden zwischen mehreren Möglichkeiten entscheidet.

Woher weiß man, was man essen oder anziehen möchte? Man spürt es. Irgendetwas existiert in einem, das einen Sinn für Stimmigkeit hat. Man liest die Menüs auf der Speisekarte, stellt sich vor, wie sie schmecken würden, und irgendwann macht es »klick«: Darauf hätte ich Appetit. Man kann zu jedem einzelnen Essen auf der Speisekarte eine Resonanz im Körper empfinden, die einem sagt, ob es sehr gut, eher mehr, eher weniger oder gar nicht passen würde.

Genauso ist es bei allem anderen im Leben. Man sucht nach diesem Gefühl der Stimmigkeit. Leider achten viele nicht darauf. Sie bemerken es nicht oder setzen sich darüber hinweg. Das ist ein riskantes Spiel. Wie soll man Zufriedenheit im Leben finden, wenn man nicht auf sein Innerstes hört?

Wichtig ist, die Entscheidungskriterien zu beachten. Wenn man auf der Speisekarte nur auf die Preise achtet, stimmt vielleicht am Ende der Preis, aber es schmeckt einem nicht. Geht man nur nach dem Geschmack, ruiniert man sich am

Ende finanziell. So muss man oftmals Kompromisse eingehen. Trotzdem kann man sich von seinem inneren Gefühl für die Richtigkeit der Entscheidung leiten lassen.

Eugene Gendlin hat hervorragend beschrieben, wie sich aus dem noch Ungeformten mehr und mehr konkrete Formen ergeben, die man so lange optimieren kann, bis es passt. Aus einem vagen Gefühl bilden sich Wörter, Bilder oder Bewegungen. Das vage Gefühl ist gewissermaßen die »Ursuppe«. Sie enthält alle Möglichkeiten. Die konkreten Formen gehen daraus hervor. Jede Antwort kann man am ursprünglichen, vagen Gefühl messen. Gibt es eine ausreichende Übereinstimmung? Ist ein noch besserer Ausdruck möglich? So geht man so lange zwischen der gefühlten Bedeutung und der gefundenen Form hin und her, bis man das beste Resultat erzielt hat. Kopf und inneres Gespür arbeiten dabei zusammen. Keines von beiden kann es allein schaffen. Der Verstand ohne die Rückbindung ans Empfinden ist blind. Das vage Gefühl ohne Ausdruck bleibt stumm. Zusammen ergeben sie den kreativen Prozess.

Lassen Sie mich noch einmal auf andere Weise beschreiben, wie Focusing funktioniert. Man hält inne, konzentriert sich (fokussiert) anstrengungslos auf das innere Gefühl und fragt sich, welcher Ausdruck dazu passen würde. Man sucht Wörter, Bilder oder Bewegungen, je nachdem auf welcher sinnlichen Ebene man sich ausdrücken möchte. Das Ungeformte selbst ist wort-, bild- und bewegungslos. Man kann in es eintauchen, um daraus etwas zu schöpfen. Es gibt keinen Ausdruck, der das Ungeformte insgesamt erfassen könnte. Hat man eine Form gefunden, fokussiert man erneut auf die ungefähre Ahnung, die man von einer Sache hat, und prüft, ob der Ausdruck stimmig ist. Das setzt man fort, bis man zufrieden ist. Manchmal ist es wichtig, eine Pause zu machen, weil sich keine passende Antwort ergibt; denn erzwingen kann man sie nicht.

Gendlin hat diesen Prozess entdeckt, als er nach Möglichkeiten suchte, um seinen Klienten in der Psychotherapie zu helfen. Jeder Mensch sucht in seinem Leben nach dem richtigen Weg. Dabei kann man in Sackgassen geraten. Negative Gefühle signalisieren einem, dass etwas nicht stimmt. An diesem Punkt, wenn Menschen nicht weiterwissen und verzweifelt sind, begeben sie sich manchmal in eine Psychotherapie. Gendlin hat entdeckt, dass es besonders in solchen Situationen darauf ankommt, Kontakt aufzunehmen zum inneren Gespür dafür, was einem helfen würde.

Gleichzeitig hat er mit Focusing eine Beschreibung für den kreativen Prozess gefunden. Mit der entspannten Konzentration auf die ungeformte Empfindung, aus der alle Formen hervorgehen, begibt man sich an die Quelle der schöpferischen Möglichkeiten.

Was hat das alles mit Lebenskunst zu tun? Wie ich eben sagte, sucht jeder Mensch den für ihn passenden Lebensweg. Niemand kann einem diese Suche abnehmen. Eine Orientierung an Äußerlichkeiten ist dabei nicht besonders vielversprechend. Dabei kommt höchstens ein geborgtes, imitiertes Leben heraus. Konfektion, aber keine Maßarbeit. Das ist der Weg der Konformisten, die so sein wollen wie alle anderen: bloß nicht abweichen von der Masse, nicht auffallen. Wirklich befriedigend kann das nicht sein, weil jeder Mensch einzigartig ist, ausgestattet mit einem einmaligen Potenzial, das es zu entfalten gilt. Keine zwei Menschen sind genau gleich, weder äußerlich noch in ihren Bedürfnissen.

Nur der innere Kompass hilft einem, das Leben so zu gestalten, dass Glück und Zufriedenheit nicht die Ausnahme, sondern die Regel darstellen. Durch das Fokussieren auf seine inneren Bedürfnisse findet man den passenden Ausdruck in der Außenwelt. Im Einzelnen sind dies die richtige Wohnung, die passende Kleidung, die befriedigende Arbeit, die richtigen Freunde, die glückliche Partnerschaft. Was immer man braucht, um sein Leben nach dem eigenen Geschmack zu gestalten.

Mithilfe des kreativen Prozesses kann man zunächst einen Entwurf seines Lebens schaffen, eine Skizze gewissermaßen. Diese kann man so lange überarbeiten, bis sie einem haargenau gefällt. Danach kommt die Umsetzung, so wie ein Architekt seinen Bauplan realisiert. Selbstverständlich ist es möglich und sogar erforderlich, seine Pläne ständig anzupassen. Sowohl die eigenen Bedürfnisse als auch die Umgebung ändern sich mit der Zeit.

Fast täglich muss man improvisieren. Dadurch ist ausgeschlossen, dass Langeweile aufkommt. Indem man sich auf seine Ziele besinnt, bleibt man auf Kurs. Es ist nicht immer einfach, sich etwas Passendes einfallen zu lassen, um trotz aller Hindernisse seine Pläne zu verwirklichen.

Sein Leben zu entfalten, ihm eine Richtung zu geben, für alle wichtigen Bereiche des Lebens die passenden Ziele zu bestimmen, Pläne zu entwerfen, die nächsten Schritte zu finden, auf Unvorhergesehenes richtig zu reagieren und alle auftauchenden Probleme zu lösen: All das zusammen genommen ergibt die Kunst des Lebens.

Kreative Spannung aufbauen

Ein Leben, das nur aus Gelassenheit und Entspannung bestünde, wäre langweilig. Aber auch pure Anspannung und Druck tagaus, tagein könnte keiner aushalten. Es kommt auf die richtige Balance an. Kreative Spannung ermöglicht beides: Man malt sich eine reizvolle Zukunft aus und lebt doch ganz entspannt in der Gegenwart. Um es mit einem Bild auszudrücken: Man hat den Kopf in den Wolken, aber steht mit beiden Beinen fest auf dem Boden.

In der Musik würde man von »Swing« und »Drive« sprechen. Drive ist der antreibende Rhythmus und Swing die entspannte Grundstimmung. Obwohl manche diese Elemente als Gegensätze begreifen, passen sie doch wunderbar zusammen. So kann man auf angenehme Weise durchs Leben »schaukeln«. Am Höhepunkt ruht die Schaukel, nimmt allmählich Fahrt auf, erreicht die volle Geschwindigkeit, bremst ab und kommt am anderen Höhepunkt erneut zum Stehen. Danach geht es auf dieselbe Weise zurück, immer hin und her. Kinder (und Erwachsene) lieben diesen Tempowechsel.

Genauso kann das Leben sein. Auf der einen Seite haben wir die Ziele. Sie sind die Punkte, auf die wir uns mal schneller, mal langsamer zubewegen. Auf der anderen Seite finden wir die Ruhepunkte. Phasen, in denen wir das Erreichte genießen und neue Energie sammeln für die nächsten Schritte.

Einige von uns möchten ständig das Tempo erhöhen und niemals anhalten. Solche Menschen haben viel Drive. Aber sie verhalten sich einseitig. Am Ende sind sie ausgebrannt.

Andere nehmen – im übertragenen Sinne – niemals Fahrt auf. Sie kommen nicht in Schwung. Es fehlt ihnen an Zielen, die ihrem Leben eine Richtung geben könnten. Auch dieser Lebensstil ist einseitig. Menschen, die so leben, wirken kraftlos. Sie sind in Gefahr, als Couch-Potatos zu enden.

Ziele erzeugen eine Spannung, indem sie Fragen aufwerfen:
- Wie wird es sein, wenn ich am Ziel bin?
- Werde ich es schaffen?
- Wie komme ich dahin?

und viele mehr.

Die unvermeidlichen Hindernisse stellen das Erreichen des Ziels infrage. Die volle Kreativität ist nötig, um trotz aller Schwierigkeiten einen Weg zu finden, der zum Ziel führt. Genau das macht aber den Reiz aus. Ohne die Ungewissheit, ob es gelingen wird, und ohne die Freude, wieder einen Schritt weitergekommen zu sein, würde es nur halb so viel Spaß machen.

Reizvolle Ziele sind eine Quelle von Glücksgefühlen. Die Gedanken an das Ziel lösen Vorfreude aus. Das Überwinden von Hindernissen stärkt das Selbstvertrauen. Kommt man dann schließlich an, erfüllt sich der Traum. Die kreative Spannung löst sich, bis man ein neues Ziel in Angriff nimmt.

Lebenskünstler sind Individualisten

In der Kunst gilt ein Urheberschutz. Niemand darf andere ohne Erlaubnis kopieren. Wer einen anderen täuschend ähnlich nachahmt, wird nicht als Künstler angesehen. Es fehlt an einer eigenen Idee. Künstler schaffen etwas Neues. Sie sind originell. Natürlich ähneln sich einige Werke. Deshalb kann man sie einer bestimmten Richtung zuordnen. Trotzdem geht es jedem Künstler darum, seine eigene Handschrift zu finden.

So ist es auch in der Lebenskunst. Man kann sich von anderen inspirieren lassen, sich sogar an ihnen orientieren. Letztlich geht es aber darum, unverwechselbar zu sein. Angesichts der unendlichen Vielfalt an Formen und Möglichkeiten ist das auch nicht sonderlich schwer. Man muss den Weg nur aus sich selbst heraus schöpfen, indem man sich auf sein Gespür für die Ziele und Schritte verlässt, die zu einem selbst passen. Dann unterscheidet man sich automatisch von anderen.

Man selbst zu sein erfordert Mut. Manchen macht die Freiheit des Selbstausdrucks so viel Angst, dass sie sich in die Konformität der Masse flüchten. Sie wollen genau so denken, fühlen und handeln wie alle anderen in ihrer Umgebung. Eine eigene Meinung, persönliche Gefühle und abweichendes Verhalten fürchten und bekämpfen sie. Damit sind viele Einschränkungen verbunden. Konformisten müssen ständig schauen, was ihre Umgebung tut, und sich anpassen, selbst wenn es gegen ihre Bedürfnisse geht. Da sie nicht wissen, wie man auf eigenen Beinen steht, geraten sie in Panik, sobald sie keine äußeren Regeln erkennen,

nach denen sie sich richten können. Im Grunde genommen bleibt man auf diese Weise ewig ein Kind.
Es überrascht nicht, dass autoritäre Staaten mit Kunst nicht viel anfangen können oder sie sogar verhindern. Sie brauchen Menschen, die als Masse gehorchen. Deshalb werden alle Anzeichen von Lebenskunst ebenfalls bekämpft. Individualität ist ein Ausdruck von eigenem Denken. Dieses stellt für autoritäre Menschen und Diktaturen eine Gefahr dar. Wer selbstständig denken kann, seine eigenen Lebensregeln aufstellt und auf die innere Stimme hört, taugt nicht als Untertan.
Zwang wird aber nicht nur in Diktaturen ausgeübt. Dort ist er nur besonders verbreitet. Auch in Demokratien findet man ständig Tendenzen, die Freiheit einzuschränken, nicht selten sogar im Namen der Freiheit. Dennoch sind hier die Bedingungen, sein eigenes Leben zu führen, wesentlich besser. LebenskünstlerInnen, die sich den Erwartungen der Gesellschaft entziehen, müssen zwar mit Sanktionen rechnen, können ihre Rechte aber mit Zivilcourage behaupten. Alle, denen man anmerkt, dass sie glücklicher sind als der Rest der Gesellschaft, begegnen Neid.
Es würde hier zu weit führen, das Recht auf ein allgemeines, garantiertes, bedarfsdeckendes Grundeinkommen zu diskutieren. Ich bin jedoch überzeugt davon, dass es die Voraussetzung dafür ist, alle nicht gerechtfertigten Abhängigkeitsverhältnisse abzuschaffen. Jede materielle Abhängigkeit wie die zwischen Eltern und Kindern, Männern und Frauen, Arbeitgebern und Arbeitnehmern kann zur Ausübung von Zwang missbraucht werden. Sie erschwert die Ausbreitung von Liebe, Glück, Wahrheit und last, not least Lebenskunst in nicht geringem Maße. Im Literatur-

verzeichnis finden Sie deshalb zum Thema Grundeinkommen ein paar weiterführende Bücher.
Trotzdem muss niemand warten, bis das Bewusstsein der Allgemeinheit steigt und die materiellen Bedingungen für die Kunst des Lebens günstiger werden. Im Gegenteil: Lebenskünstler ist gerade der, der sogar unter ungünstigen äußeren Bedingungen seinen individuellen, authentischen Selbstausdruck findet und sich in seiner Lebenslust möglichst wenig beeinträchtigen lässt.

Die entscheidenden Schritte

Wir haben uns in diesem Kapitel mit Lebenslust beschäftigt, im Kapitel zuvor mit Gelassenheit. Gelassenheit und Lebenslust bilden eine Einheit. Mit Gelassenheit akzeptiert man das Leben, wie es ist. Diese Fähigkeit ist also besonders gefragt, wenn sich die Dinge nicht so entwickeln, wie man es gerne hätte. Solange alles läuft wie geplant, ist jeder ein Meister des Akzeptierens.
Am schlimmsten sind die Katastrophenfantasien, die man sich ausmalt, wenn die Dinge in eine andere Richtung laufen. Deshalb ist es so wichtig, so schnell wie möglich diese Horrorvorstellungen zu stoppen sowie Fakten und Fiktionen zu unterscheiden. Mit den Fakten kann man umgehen, mit ausufernden negativen Fantasien nur schwer.
Der Volksmund kennt diesen Sachverhalt genau. Er spricht davon, dass man aus einer Mücke keinen Elefanten machen soll. Mit einer Mücke wird man leicht fertig. Den

wild gewordenen Elefanten, der in unserem Kopf tobt und uns in Angst und Schrecken versetzt, muss man erst mal wieder einfangen. Wenn man sich wieder beruhigt hat, erkennt man meist, dass es gar kein Elefant, sondern nur eine Mücke war.

Gelassenheit bedeutet, die Furcht einflößenden, deprimierenden und Zorn entfachenden Gedanken loszulassen. Aber wie lässt man los? Im Grunde genommen wissen Sie es bereits. Wie lassen Sie etwas los, das Sie in der Hand haben? Sie öffnen Ihre Hand. Auf dieselbe Art und Weise lassen Sie Ihre Fantasien los. Sie öffnen Ihr Bewusstsein. Solange Sie sich auf Ihre Ängste, Ihren Ärger, Ihre Enttäuschungen oder Ihre Trauer konzentrieren, hat nichts anderes in Ihrem Kopf Platz. So wie nichts anderes in Ihrer Hand Platz hat, wenn Sie einen Gegenstand festhalten. In dem Moment, in dem Sie Ihr Bewusstsein öffnen, sehen Sie, dass es mehr gibt als Ihre Probleme. Es gibt auch Lösungen. Neben der Angst gibt es Mut, neben der Trauer Hoffnung, neben dem Ärger Gleichmut und neben der Enttäuschung Freude. Das alles bleibt Ihnen verborgen, solange Sie nur auf das Negative schauen. Aber das Gute ist immer vorhanden. Es war nie weg. Nur Ihre Aufmerksamkeit war auf anderes gerichtet.

Die Sonne verschwindet nie. Wir sehen sie nur nicht, wenn Wolken davor sind. Vielleicht haben Sie auf einer Reise mal erlebt, dass Sie dem Regen davongefahren sind. Es regnet niemals überall. Man kann die Wolken hinter sich lassen. Wenn bei uns Nacht ist, ist auf der anderen Seite der Erde Tag. Auch der Sommer verschwindet nicht vollständig von der Erde. Während in Europa Winter ist, ist in Afrika und Australien Sommer. Die Zugvögel machen sich dies zunut-

ze. Wenn es ihnen in unseren Breiten zu dunkel und zu kalt wird, fliegen sie dorthin, wo es sonnig und warm ist.
Am Beispiel der Zugvögel möchte ich den Zusammenhang von Gelassenheit und Lebenslust noch einmal verdeutlichen. Wenn es kalt wird, geraten Zugvögel nicht in Panik, sondern bleiben gelassen. Die Kälte kann ihnen nichts anhaben, weil sie ihr ausweichen können. Sie müssen nicht in Eis und Schnee zugrunde gehen. Allerdings würde es ihnen schlecht bekommen, wenn sie an einer Gegend festhielten, in der es monatelang für sie zu kalt wird. Stattdessen lassen sie das für sie unerfreuliche Klima los und wenden sich etwas Besserem zu. Es steht nicht in ihrer Macht, das Wetter in Europa zu ändern. Die Jahreszeiten sind dort, wie sie sind. Anders als wir haben sie auch nicht die Möglichkeit, sich beheizte und mit elektrischem Licht versorgte Häuser zu bauen und dort zu überwintern. Sie können an den Tatsachen nichts ändern. Aber sie können zwischen verschiedenen Tatsachen wählen (Kälte in Europa und Wärme in Afrika). Instinktiv tun sie das auch. Sie wenden sich von den widrigen Lebensbedingungen ab (Loslassen, Gelassenheit) und den angenehmen Verhältnissen zu (Freiheit, Lebenslust).
Ich hoffe, Sie können mir noch folgen und glauben nicht, versehentlich ein Buch über das Leben von Zugvögeln aufgeschlagen zu haben. Aber die Parallelen zu unserem Thema dürften klar sein.
Wir können die Welt nur zu einem kleinen Teil verändern. Aber wir haben eine viel bessere Möglichkeit: Wir können uns von Verhältnissen trennen, die nicht zu uns passen (Beruf, Arbeitsbedingungen, PartnerIn, FreundInnen, Wohnung, Wohnort, Klima und so weiter), und etwas wählen,

das besser für uns ist. Selbst diese Freiheit ist jedoch begrenzt. Völlig frei sind wir nur in unseren Gedanken. Wir können entscheiden, womit unser Geist sich beschäftigen soll, wohin wir unsere Aufmerksamkeit lenken und wie wir über die Welt (die Tatsachen) denken wollen. Von dieser Entscheidung hängt es im Wesentlichen ab, wie wir uns fühlen, ob wir gestresst sind oder gelassen bleiben.

LebenskünstlerInnen machen sich diese Freiheiten bewusst und nutzen sie. Wenn es möglich ist, verwandeln sie das Schlechte in etwas Gutes. Sonst wenden sie sich davon ab und ziehen weiter. Sie richten ihre Aufmerksamkeit vor allem auf das allgegenwärtige Schöne, Gute und Wahre. Ihr Sinn dafür ist durch jahrelange Übung bei ihnen ausgeprägter als bei anderen. LebenskünstlerInnen trennen Tatsachen und Meinungen. Soweit sinnvoll, bewerten sie ihre Umgebung positiv. Sie beschäftigen sich real und in Gedanken lieber mit dem, was erfreulich ist. Probleme lösen sie. Sie wissen, dass es für alles eine Lösung gibt. Manchmal liegt sie in einer praktischen Veränderung, manchmal in einer Änderung der Einstellung. Beides können sie erreichen.

Lebenskünstler sind nicht naiv. Sie wissen, dass schmerzhafte und negative Erlebnisse zum Leben gehören. Möglicherweise sind Menschen um des Überlebens willen sogar darauf programmiert, alles, was gefährlich, unangenehm und problematisch ist, stärker zu beachten als alles andere. Das würde zumindest einleuchten; denn wenn unsere Vorfahren eine tödliche Gefahr übersehen hätten, wäre dies ihr Ende gewesen. Dann gäbe es uns gar nicht. Wenn sie dagegen mögliche Freuden nicht beachtet haben, waren sie zwar unglücklicher als nötig, aber es hat sie nicht umgebracht. Zu dieser Theorie passen einige wissenschaftliche Studien mit folgenden Erkenntnissen: In Beziehungen sind fünf positive Erlebnisse nötig, um ein negatives auszugleichen. (Wäre es umgekehrt, wären die meisten Paare glücklich!) Schlechte Informationen scheinen mehr Gewicht zu haben als gute. Querschnittgelähmte Unfallopfer brauchen längere Zeit, bis sie wieder so glücklich sind wie vorher. Ein Lottogewinn ist dagegen viel schneller vergessen. Menschen versuchen eher, einen Verlust zu vermeiden als einen Gewinn zu erzielen.

Umso wichtiger ist es, gegen diese Programmierung zu arbeiten. Deshalb bemühen sich LebenskünstlerInnen bewusst darum, das Erfreuliche zu beachten. Sie sorgen für Spaß in Beziehungen, damit die unvermeidbaren Konflikte nicht weiter ins Gewicht fallen. Sie suchen die guten Nachrichten, damit sie nicht den falschen Eindruck bekommen, die Menschen oder die Welt seien schlecht. Sie erinnern sich oft an das Gute, damit es nicht in Vergessenheit gerät. Anstatt nur Krisenmanagement zu betreiben, setzen sich LebenskünstlerInnen lohnende Ziele und tun alles dafür, um sie zu erreichen.

Das alles kann man lernen. Lebenslust fällt keinem einfach so zu. Man muss aktiv etwas dafür tun, sonst überwiegt automatisch das Negative. Mit der Zeit wird es dann zur Gewohnheit, Spaß am Leben zu haben.

Spielfreude

Mensch ärgere dich nicht

So heißt eines der beliebtesten Spiele. Falls Sie es wider Erwarten doch nicht kennen oder lange nicht mehr gespielt haben, hier die Regeln: Zwei bis vier SpielerInnen versuchen, ihre vier Spielfiguren einmal rund ums Spielfeld ins Ziel zu bringen. Je nach der Zahl, die sie gewürfelt haben, rücken sie vor. Ist ein Feld besetzt, können sie die gegnerische Figur aus dem Spiel werfen. Wer zuerst alle vier Spielsteine ins Ziel gebracht hat, hat gewonnen.

Die Regeln klingen einfach. Tatsächlich sind sie es auch. Dennoch ergibt sich im Laufe des Spiels ein ziemliches Durcheinander auf dem Feld, weil bis zu sechzehn Figuren gleichzeitig dort ihre Bahnen ziehen. Ab und zu müssen einige an den Ausgangspunkt zurückkehren, weil sie hinausgekickt wurden. Besonders ärgerlich ist so ein Hinauswurf, wenn man dicht vor dem Ziel, vielleicht sogar vor dem Gewinn der Partie war und nun noch einmal von vorn beginnen muss. Deshalb kann es passieren, dass vor allem Kinder dabei so ärgerlich werden, dass sie das ganze Spiel umwerfen oder anfangen zu weinen. Auch kommt es immer wieder vor, dass Spieler zu schummeln versuchen, weil sie es nicht ertragen können, das Spiel als Verlierer zu beenden. Da man eine Sechs würfeln muss, um eine Figur ins Spiel bringen zu dürfen, kann es zudem sehr entmutigend sein, längere Zeit würfeln zu müssen, ohne

dass die gewünschte Zahl erscheint, und dabei mitanzusehen, wie die anderen ihre Spielfiguren munter Richtung Ziel bewegen.
Dagegen ist die Freude umso größer, wenn alles wie am Schnürchen läuft und man sieht, welche Probleme die Mitspieler haben. Jubelschreie erschallen auch, wenn es einem Spieler gelingt, im letzten Moment eine gegnerische Figur hinauszuwerfen. Die Freude des einen ist das Leid des anderen.
Dieses simple Spiel, das schon Kinder verstehen, ruft ein breites Spektrum der Gefühle hervor. Ärger steht dabei im Vordergrund. Deshalb die Aufforderung: Mensch ärgere dich nicht. Aber auch Neid, Enttäuschung, Resignation, Angst, Trauer, Freude, Genugtuung, Rachegelüste, Langeweile, Mitgefühl und Gelassenheit können auftreten.
Werden mehrere Partien hintereinander gespielt, können sich die Gefühle noch steigern, nämlich wenn jemand eine Glücks- oder Pechsträhne hat, also andauernd gewinnt oder verliert. Halten sich Gewinn und Verlust die Waage, gleichen sich die Gefühle eher aus. Gestärkt oder erschöpft, deprimiert, ruhig oder erfreut verlässt man am Ende das Geschehen.
Die Ähnlichkeiten mit dem wirklichen Leben sind offenkundig. Auch hier spielen Geschick und Glück eine wichtige Rolle. Manchmal läuft es gut, dann wieder schlecht. Das Wechselbad der Gefühle ist dasselbe. Man versucht, in Ruhe seine Runden zu drehen, wird dabei aber ständig durch Konkurrenten und andere Spielverderber gestört. Das kann einem die Freude am Spiel nehmen. Dann wird aus Frustration schließlich Verbitterung und Verzweiflung. Oder es gelingt vieles, aber da man sieht, wie schlecht es

anderen ergeht, hat man Angst, eines Tages ebenfalls zu den Verlierern zu gehören.
Die Parallele des »Mensch ärgere dich nicht«-Spiels zum wahren Leben ist nicht zufällig. Die Spielidee geht auf ein altes indisches Spiel namens »Pachisi« zurück. Nach hinduistischer Vorstellung werden Menschen wiedergeboren. Deshalb ist beim »Pachisi« der Ausgangs- mit dem Endpunkt identisch. Es kann im Leben passieren, dass das Schicksal einen ereilt, bevor man das Ziel erreicht hat. Nachdem man »hinausgeworfen« wurde, beginnt man von Neuem. Letztlich geht es darum, nach vielen Lebensreisen zum Ursprung zurückzukehren und dort seine ewige Ruhe zu finden.
Das Leben wird nicht nur von Hinduisten als leidvoll und mühselig, unterbrochen von gelegentlichen Freuden, erlebt. Man muss lernen, seine Gefühle zu beherrschen, sonst können die zahlreichen Hindernisse einem den Spaß verderben. »Pachisi« ist das Spiel des Lebens. Die westlichen Varianten, wovon »Mensch ärgere dich nicht« nur eine unter vielen ist, haben die Dramaturgie leicht verändert. Es entspricht der westlichen Vorstellung mehr, dass das Leben nicht kreisförmig, sondern linear verläuft. Deshalb wurden beim »Mensch ärgere dich nicht« der Anfangs- und der Endpunkt räumlich voneinander getrennt.
Warum spielt man dieses Spiel? Warum lebt man? Die Antworten liegen nahe: um Spaß zu haben, um glücklich zu sein, um sich am Spiel, am Leben zu erfreuen. Die Herausforderung besteht darin, dieses Ziel während des Spektakels nicht zu vergessen. Genau genommen spielt man sogar zwei Spiele: das äußere und das innere. Das äußere ist das Geschehen auf dem Spielfeld. Es kann günstig oder

ungünstig verlaufen. Das innere Spiel läuft im Kopf ab. Wie reagiert man emotional auf das Spielgeschehen? Identifiziert man sich so sehr mit seinen Spielfiguren, dass man vergisst, dass es ein Spiel ist und man doch eigentlich spielt, um Spaß zu haben?

Nimmt man das Spiel nicht allzu ernst, ist es ein angenehmer Zeitvertreib. Stellen Sie sich vor, es gäbe keine Mitspieler, keine Konkurrenten und keine Hindernisse: Dann wäre das Spiel vollkommen langweilig. Sie können sich selbst davon überzeugen. Ändern Sie die Regeln. Einer würfelt und jeder macht dieselben Züge. Keiner darf einen anderen hinauswerfen. Dann wäre es ein vollkommen konflikt- und hindernisfreies Spiel. Alle würden gleichzeitig ans Ziel gelangen. Würde das auf Dauer Spaß machen? Wie oft würden Sie dieses absolut voraussehbare Spiel mitmachen? Kein Bangen, kein Ärger, keine Enttäuschung, kein Erfolg, keine Niederlage: nichts. Ich denke, die meisten würden sich schnell nach einem anderen Spiel umsehen.

Manchmal hoffen wir, dass unsere Wünsche sofort in Erfüllung gehen. Aber stellen Sie sich anhand des »Mensch ärgere dich nicht« einmal vor, was das bedeuten würde. Jeder setzt seine Spielfiguren ohne Umschweife vom Ausgangspunkt direkt ins Ziel. Das war's! Das Spiel ist vorbei. Und dann? Eine neue Runde. Aber auch die ist sofort wieder zu Ende! Ohne Hindernisse und das Risiko zu scheitern ist überhaupt kein Spiel möglich. Es kann sich nicht entfalten. Wer spielt, nur um fortwährend so schnell wie möglich mit Sicherheit zu gewinnen, will im Grunde genommen überhaupt nicht spielen; denn wenn man gewonnen hat, ist jedes Spiel zu Ende. Der Sieg, der Erfolg, so schön er auch sein mag, beendet das Spiel. Einerseits strebt

man danach, aber wenn man zu erfolgreich ist, geht der Spaß verloren. Man wird zum König Midas, der alles, was er berührt, zu Gold macht, aber deshalb zu verhungern droht, weil auch Brot und Wein zu Gold werden.
Wenn man das Spiel (das Leben) so betrachtet, erscheinen Hindernisse in einem völlig neuen Licht. Erfolg und Misserfolg bekommen eine andere Bedeutung. Der Sinn des Spiels (des Lebens) tritt deutlicher hervor. Man spielt (lebt), um die Erfahrung von Grenzen zu machen. In einer grenzenlosen Welt wäre man allmächtig, allwissend, allgegenwärtig und zeitlos. Auf der Erde jedoch ist das Wissen, das Können und die Existenz begrenzt. Solange man das Spiel (das Leben) nicht begreift, empfindet man diese Einschränkungen nur als belastend. Mit der Zeit versteht man dann (oder auch nicht), dass die Grenzen zugleich eine Gelegenheit zum Lernen, Wachsen und zur Selbstverwirklichung sind. In diesem Moment der Erkenntnis beginnt das Spiel (das Leben) erst richtig. Es fängt an, Spaß zu machen. (Im Übrigen macht kein Spiel ohne das Verständnis der Regeln Spaß.) Sich den Herausforderungen zu stellen, ist nicht immer leicht. Aber einfache Spiele sind nur für Fünfjährige interessant. Damit es ein Leben lang – vielleicht sogar für eine Reihe von Existenzen – reizvoll bleibt, muss es so komplex sein, wie es ist. LebenskünstlerInnen ist das sonnenklar.

Dazu noch vier Anmerkungen:
1. Wenn wenig auf dem Spiel steht, ist es leichter, das Leben als Spiel zu betrachten. Wenn es aber um viel geht, hört für die meisten der Spaß auf. Dann wird aus Spiel Ernst. Wann hört bei Ihnen der Spaß auf?

Bedenken Sie, dass etliche nicht einmal »Mensch ärgere dich nicht« entspannt spielen können. Aus jedem Spiel kann man Ernst machen. In Deutschland beispielsweise ist Fußball eher Arbeit als Spiel. Es geht um sehr viel Geld. Da hört der Spaß auf. Einige Klubs sind keine Vereine mehr, sondern Aktiengesellschaften. Brasilianer dagegen haben eine andere Auffassung von Fußball. Bei ihnen hat man seltener den Eindruck, dass sie vergessen haben, worum es eigentlich geht. Ihnen macht Fußball offensichtlich Spaß. Auch die meisten Zuschauer möchten den Akteuren lieber beim Spiel als bei der Arbeit zuschauen. Aber es stehen eben Hunderte Millionen Euro auf dem Spiel. Das ist ein starkes Argument für diejenigen, die sowieso nicht wissen, was es heißt, zu spielen.

2. Ich empfehle, »Leben« häufiger mit »Spiel« zu übersetzen und sich regelmäßig daran zu erinnern, dass es dabei nicht darum geht, sich zu ärgern, ängstigen oder deprimieren, sondern Spaß zu haben, sich am Leben (Spiel) zu erfreuen. Das beschleunigt die Entwicklung zum Lebenskünstler.

3. Beim »Mensch ärgere dich nicht« besagt die Regel, dass Spielfiguren von den Spielern hinausgeworfen werden können. Das möchte ich nicht unbedingt auf das Leben übertragen wissen. Das Leben ist schwer genug. Es gibt auch so schon genügend Hindernisse, die Menschen aus der Bahn werfen können. Niemand muss dem anderen ein Feind oder Gegner sein. Anders als beim »Mensch ärgere dich nicht« ist im Leben keine Langeweile zu erwarten, wenn wir zusammen- statt gegeneinander arbeiten.

4. Man spielt, um Spaß zu haben. (Kann man gar nicht oft genug sagen.)

Vorsicht, Holzweg!

Auch wenn man das Leben generell als Spiel betrachtet, ist es wichtig, sich darüber klar zu sein, dass es eigentlich aus einer Vielzahl möglicher Spiele besteht. Nicht alle machen Spaß, schon gar nicht auf Dauer. Deshalb beteiligen sich LebenskünstlerInnen an bestimmten Spielen nicht. Ich meine das Spiel um Geld, Macht, Status und Besitz.
An diesen Dingen ist nicht unbedingt etwas Schlechtes. Jeder braucht etwas Geld, ein gewisses Ansehen und ein bisschen Besitz. Etwas Macht und Einfluss kann ebenfalls nicht schaden. Es ist nur so, dass diese Dinge vollkommen überschätzt werden.
Allzu viele unterliegen dem Irrtum, man brauche möglichst viel Geld, um glücklich zu werden. Die Rechnung Geld = Glück geht leider nicht auf. Wenn es doch so einfach wäre! Aus den Klatschnachrichten wissen Sie so gut wie ich, dass unter den Reichen, Berühmten und Mächtigen Drogen, Alkohol, Scheidung, Depressionen und Selbstmord genauso verbreitet sind wie in der übrigen Gesellschaft. Geld macht reich. Sonst nichts. Es macht weder glücklich noch unglücklich, ist weder böse noch gut.
Geld ist einfach ein Teil des äußeren Spiels. Deshalb kann es auf die innere Einstellung und Gefühle keinen direkten Einfluss haben. Das wäre pure Magie. Eine solche Wirkung besitzt Geld jedoch nicht. Glücklich wird man nur, indem man sich glückliche Gedanken macht und ein gutes Leben lebt. Wie man den Tag verbringt und womit man sich im Geist beschäftigt ist wesentlich wichtiger als das Ansammeln von Geld und Besitz.

Besitzt man zu viel Macht, Geld und Ansehen, schadet es sogar. Wer so berühmt ist, dass alle ihn oder sie auf der Straße erkennen, kann sich kaum noch frei bewegen. Fans und Paparazzi lassen den Stars keine Ruhe. Man sagt, Macht korrumpiere und absolute Macht korrumpiere absolut. Das trifft auf viele einflussreiche Menschen zu. Äußerlich Mächtige sind innerlich oft schwache, neurotische Persönlichkeiten, die ihren Einfluss auf andere missbrauchen. Wer sich in Machtkämpfe verstrickt, wird seines Lebens nur noch selten froh. Unaufhörlich müssen Konkurrenten, die selbst die Größten und Mächtigsten werden wollen, abgewehrt werden. Ein Blick ins Geschichtsbuch zeigt einem, wie die Mächtigen gelebt haben und geendet sind. Es ist ein eher trauriges Kapitel.
Vor Jahren habe ich ein Buch über die reichsten Amerikaner gelesen. Es war eine ziemlich unerfreuliche Lektüre. Die Superreichen langweilen sich oft. Daher rührt ihre Schwäche für Drogen, gefährliche Sportarten und riskante Geschäfte. Sie sind immer auf der Suche nach dem neuesten Kick, irgendwelchen Reizen, mit denen sie ihre Langeweile vertreiben können. Geld kann selbst zur Droge werden. Für eine Sucht ist es typisch, dass man von einem Stoff oder etwas anderem abhängig wird und wegen der Gewöhnung immer mehr davon braucht, um überhaupt noch einen gewissen Nervenkitzel zu spüren.
Beim Spiel um Geld, Ruhm, Status und Macht gibt es mehr Verlierer als Gewinner. Da die Spielfreude dabei so gering ist, interessieren sich LebenskünstlerInnen nicht sonderlich dafür.

Playing life

»All the world's a stage, And all the men and women merely players; They have their exits and their entrances; And one man in his time plays many parts, ...« Gut, wenn Shakespeare sagt, dass die ganze Welt eine Bühne sei, alle Männer und Frauen nur Spieler, die ihre Auftritte und Abgänge hätten, und jeder in seinem Leben mehrere Rollen spiele, dann muss es wohl stimmen. Ich jedenfalls finde den Vergleich der Welt mit einem (Schau-)Spiel recht zutreffend. Das Lebensspiel hat sämtliche Zutaten, die die anderen Spiele – wie zum Beispiel »Mensch ärgere dich nicht« – auch haben: Spielregeln, ein Spielfeld, Mitspieler, Hindernisse, Ereigniskarten.

Beginnen wir mit den Spielregeln. Kein Spiel ist so komplex wie das Leben. Entsprechend zahlreich und kompliziert sind die Spielregeln. Die Besonderheit beim Lebensspiel ist, dass viele der Regeln räumlich und zeitlich begrenzt sind. Was heute noch gilt, kann morgen schon anders sein. Andere Länder, andere Sitten. Allein daraus resultieren schon eine Menge interessante Situationen. Probleme, wenn Sie so wollen, die es zu lösen gilt.

Jede Gruppe stellt ihre eigenen Regeln auf. Zum Beispiel: Wer hat wann Vorfahrt oder andere Vorrechte? Wie es in der »Farm der Tiere« von George Orwell heißt: »Alle Tiere sind gleich, aber manche sind gleicher.« Es ist offensichtlich, dass einige Menschen Privilegien genießen. In bestimmten Fällen sind diese gerechtfertigt, in anderen nicht. Früher (und in manchen Ländern noch heute) hatten Kaiser und Könige mitsamt ihrem Hofstaat und dem

Adel Sonderrechte. Erst mit der Zeit konnten sich das Bürgertum und die Arbeiterschaft emanzipieren. Apropos Emanzipation: Für Männer und Frauen, Ausländer und Einheimische, Kinder und Erwachsene – um nur ein paar Beispiele zu nennen – galten und gelten meist auch unterschiedliche Regeln. Die Aufstellung der Spielregeln ist selbst ein beliebtes Spiel. Alle Normen werden mehr oder weniger infrage gestellt. Damit sind wir auch schon beim nächsten Punkt: den Regelverletzungen.

Einige spielen unfair (aus der Sicht der Regeltreuen). Verbrecherorganisationen nehmen sich Dinge heraus, die sonst nicht erlaubt sind: Mord, Totschlag, Raub, Erpressung und vieles mehr. Gelegentlich schaffen sie es sogar, sich den Anschein der Gesetzmäßigkeit zu geben. Manche nennen sich dann Regierungen. Womit ich nicht sagen will, dass alle Regierungen Verbrecherbanden seien. Jedenfalls ergeben sich aus den Regelverletzungen die schönsten Räuber-und-Gendarm-Spiele, zumindest wenn man diese Art der Unterhaltung mag. Vielleicht empfinden Sie die Bezeichnung »Spiel« in diesem Zusammenhang als verharmlosend, aber Sie müssen zugeben, dass sich Millionen Menschen täglich an Krimis, Thrillern, Splatterfilmen und den Gänsehaut erzeugenden Berichten in der Boulevardpresse über Verbrechen erfreuen. Wer diese »Spiele« nicht mag, wendet sich mit Abscheu ab. Aber die Bücher- und Kinocharts zeigen, dass Thriller und dergleichen in der Unterhaltung ganz oben stehen. Die 3-D-Technik ermöglicht, dass diese »Vergnügen« sogar immer realistischer nachempfunden werden können.

LebenskünstlerInnen kennen allerdings bessere Spiele. Die Regeln, nach denen sie leben, tun niemandem weh. Sie spielen nicht mit der Angst, sondern bevorzugen angenehme Gefühle. Ihnen ist auch die Schadenfreude fremd, weil sie so leben, wie sie es lieben. Sie wünschen anderen dasselbe und finden deshalb keinen Gefallen daran, wenn jemand ein Unglück erleidet.

Keine Regel im Lebensspiel ist für alle verbindlich. Sonst wäre es zu einfach. Zwar werden von zahlreichen Gruppen allgemeine Spielregeln vorgeschlagen (die »Zehn Gebote« der Christen, der »Achtfache Pfad« der Buddhisten, die »Menschenrechte« der Humanisten, das »Grundgesetz« der Bundesrepublik Deutschland, die »Goldene Regel« der Moralisten und viele andere mehr), aber bisher kann man nicht einmal feststellen, dass diese Normen auch nur von den Beteiligten selbst eingehalten werden.

Spielregeln werden oft geändert. So gilt das Grundgesetz der Bundesrepublik Deutschland zum Zeitpunkt der Erstellung dieses Manuskripts in der Fassung vom 21.7.2010. Im Grunde genommen ist es eine Loseblattsammlung und keineswegs in Stein gehauen. Das Grundgesetz gilt erst seit dem 23.5.1949. Wie lange es Bestand haben wird, weiß niemand. Vorher existierten zahlreiche andere Verfassungen. Man braucht kein Prophet zu sein, um vorherzusehen, dass auch das Grundgesetz nicht ewig gelten wird.

Und nun zu den Ereigniskarten. Dazu zählen alle Vorfälle, die dem Spielverlauf meist unerwartet eine neue Richtung geben. Sie machen das Spiel überraschend und spannend. Was kann nicht alles passieren: Naturkatastrophen, Unfälle, Verbrechen, Missgeschicke, Krankheiten, Todesfälle, um nur ein paar zu nennen. Einige, wie das Älterwerden, sind voraussehbar. In der Regel brechen sie jedoch plötzlich über uns herein.

Die Ereignisse beinhalten aber nicht nur Hindernisse, sondern können gelegentlich auch angenehm überraschend sein, zum Beispiel Wunderheilungen, Lottogewinne, Liebe auf den ersten Blick, segensreiche Erfindungen, Lösungen für knifflige Probleme oder ein unverhofftes Wiedersehen mit alten Freunden.

Zu leben bedeutet, Grenzen zu erfahren. Es wird Sie deshalb nicht erstaunen, dass das Spielfeld begrenzt ist. Einige Spieler sind überzeugt, es erweitern zu können. Sie träumen von der Besiedlung des Weltalls durch uns ErdbewohnerInnen, aber höchstwahrscheinlich bleibt sie ein Stoff für Science-Fiction-Romane. Das Spiel »Wir basteln uns eine Rakete und fliegen zu den Sternen« ist für manche allerdings so reizvoll, dass man ihnen eigentlich nicht den Spaß daran nehmen möchte.

Ob das Lebensspiel zeitlich begrenzt ist, ist umstritten. Sicher ist nur, dass der Tod eine Zäsur darstellt. Ob und wie es weitergeht, ist ein Geheimnis, das dem Lebensspiel zusätzlichen Reiz verleiht. Wir kommen darauf noch zurück.

Bleiben noch die MitspielerInnen. Ihnen ist ein eigener Abschnitt gewidmet.

Die Mitspieler

Mitspielerinnen, Mitspieler, MitspielerInnen: Vielleicht wundern Sie sich, warum ich Frauen, Männer und beide immer wieder abwechselnd nenne. Betrachten Sie es einfach als ein Spiel mit Wörtern.

Früher schrieb man (Mann!) ausschließlich in der männlichen Form. Dann kritisierten vor allem Frauenrechtlerinnen – gibt es auch Frauenrechtler? –, dass Frauen durch die ausschließlich männlichen Formulierungen der Sprache im Bewusstsein der Menschen an den Rand gedrängt würden. Tatsächlich zeigen Studien, dass Frauen sich nicht automatisch angesprochen fühlen, wenn von »Politikern«, »Ärzten« und so weiter die Rede ist. Im Übrigen fühle ich mich (wie wohl die meisten Männer) auch nicht mitgemeint, wenn von »Autofahrerinnen«, »Käuferinnen« et cetera gesprochen wird. Seitdem schreibt eigentlich jeder und jede, wie er oder sie will.
Einige Autoren und Autorinnen behaupten, um der besseren Verständlichkeit willen nur die männlichen Wortformen zu verwenden. In Wirklichkeit ist es höchstens ein bisschen unbequem, sich an Wörter wie »RechtsanwältInnen« zu gewöhnen. Durch das Binnen-I in diesem Wort wird darauf hingewiesen, dass es in Deutschland inzwischen Anwälte *und Anwältinnen* gibt, übrigens erst seit dem 7.12.1922, als das Bayerische Staatsministerium der Justiz die Assessorin Fräulein Dr. Maria Otto als erste Frau zur Rechtsanwaltschaft zuließ. Zuvor gab es tatsächlich nur Rechtsanwälte. Sprache und Lebenswirklichkeit stimmten in diesem Fall bis 1922 überein.
Die Sprache ist ein Abbild der Realität. Sie ist außerdem Ausdruck des Bewusstseins des Sprechenden. Ich für meinen Teil möchte daher der veränderten Wirklichkeit und dem gestiegenen Bewusstsein vieler Frauen (und Männer!) Rechnung tragen. Ich erlaube mir deshalb, mit den Wörtern zu spielen, was ich ohnehin sehr gerne tue. Mal spreche ich von »Mitspielern«, mal von »Mitspielerinnen«,

dann wieder von »Mitspielern und Mitspielerinnen« und gerne auch von »MitspielerInnen«. Durch die Rechtschreibreform ist der Gebrauch der deutschen Sprache ohnehin beliebiger geworden. Wir haben sie trotz aller Bedenken überstanden, also werden wir auch den gleichberechtigten Gebrauch der männlichen und weiblichen Sprachformen bewältigen.

Ich habe es in meinen Büchern übrigens immer so gehalten. Bisher habe ich es nur noch nicht ausführlich begründet. Ich hätte es in einem Vorwort zu diesem Buch tun können. Aber wer um Himmels willen liest Vorworte?

Meinen Leserinnen und Lesern gefällt mein Sprachgebrauch. Ich habe viel Zustimmung bekommen. Nur ein Leser fühlte sich auf den Schlips getreten und schickte mir einen leicht verärgerten, aber durchaus amüsanten Brief. Sehr selten fühlt sich auch mal eine Leserin auf den ... – ja, auf was eigentlich? Vielleicht: auf den Schal getreten. Aber das ist normal. Wir müssen nicht alle einer Meinung sein, oder?

Ich persönlich liebe Exkurse wie diesen, gönne sie mir aber selten, weil ich denke, dass es wichtiger ist, den Stoff voranzutreiben, aber wer weiß? Vielleicht haben Sie auch ein gewisses Vergnügen an solchen Ausflügen. Wie dem auch sei, hier sind sie: die Mitspielerinnen.

Menschen sind von ganz unterschiedlichen Lebensmotiven geleitet. Sich des Lebens zu erfreuen, ist kein Ziel, das alle anstreben, auch wenn dies mitunter behauptet wird. Etliche glauben irrtümlich, ihr Streben nach Geld, Macht oder Erfolg würde sie automatisch glücklich machen. Andere sind der Ansicht, Glück lasse sich nicht auf direktem Weg anstreben, es sei vielmehr das Nebenprodukt bestimmter Aktivitäten oder einfach eine Gnade, die einem zuteil werde oder auch nicht.

Letzteres kann man nur glauben, solange man das ABC der Gefühle nicht kennt. Die Emotionen hängen vom Denken ab. Das trifft nicht nur für unangenehme Gefühle wie Angst, Ärger und Trauer zu, sondern genauso für angenehme Empfindungen wie Glück, Gelassenheit und Liebe. Wir haben diesen Zusammenhang bereits behandelt. Nur zur Erinnerung: Man kann in der schönsten Gegend der Welt mit den freundlichsten Menschen leben, ausgestattet mit allem, was das Leben angenehm macht, und trotzdem unglücklich sein, wenn man negativ denkt, über sich, die anderen, die Welt, die Zukunft, die Gegenwart und die Vergangenheit.

Umgekehrt wird man unabhängig von den äußeren Umständen glücklich und zufrieden sein, solange man das innere Spiel beherrscht. Voraussetzung dafür ist, dass man Tatsachen und Meinungen unterscheidet, die Dinge, so wie sie sind, radikal akzeptiert, die Aufmerksamkeit überwiegend auf Erfreuliches lenkt und in der Lage ist, irrationale Gedanken durch rationale zu ersetzen. Das ist nicht leicht, aber bei entsprechender Übung machbar.

Glück und Unglück, Gelassenheit und Stress, Liebe und Hass beginnen im Geist. Hier liegt die entscheidende Schaltstelle für alle Emotionen. Lebenskunst ist ausgeschlossen oder nur ein Produkt des Zufalls, solange man dies nicht weiß und seinen Geist nicht entsprechend trainiert. Die meisten MitspielerInnen haben bereits von der Notwendigkeit des Körpertrainings gehört. Trotzdem trainiert nur eine Minderheit entsprechend. Noch viel schlechter ist es um das Geistestraining bestellt. Dass es möglich

und erforderlich ist, Gedanken, Gefühle und Verhalten zu lernen, ist nur ansatzweise bekannt. Kaum jemand übt entsprechend. Fragen Sie mal Ihre FreundInnen.
Oft wird behauptet, Glück sei der natürliche Zustand des Menschen. Das ist ungefähr so richtig wie die Behauptung, jeder könne von Natur aus Spanisch. Die Vorstellung, alles, was dem Glück entgegensteht, zu beseitigen und damit die Ausgangssituation wiederherzustellen, scheint verlockend. Leider ist die Prämisse falsch. Wenn man nie wieder deutsch, englisch und französisch spricht, kommt trotzdem kein Spanisch aus den Tiefen des Geistes hervor. Wir haben aber zweifellos ein angeborenes Potenzial für Glück, so wie wir es für das Erlernen von Sprachen haben.
Lebenslust ist also nicht unbedingt das, was viele Mitspieler anstreben. Sie konzentrieren sich stattdessen auf Geld, Macht, Anerkennung, Erfolg, Wissen, Harmonie, Sicherheit und Ordnung, widmen ihr Leben anderen Menschen oder jagen dem Vergnügen hinterher.
An sich ist an diesen Zielen nichts verkehrt. Erst wenn diese Ziele zu viel Raum im Leben einnehmen, geraten sie in einen Gegensatz zur Lebensfreude. Ordnungsliebende werden dann zu Ordnungsbesessenen, auf Sicherheit Bedachte zu Sicherheitsfanatikern, Harmonieliebende zu Harmoniesüchtigen. Ziele, die eigentlich die Lebenslust fördern könnten, werden so zu Hindernissen.
Das Bedürfnis, anderen helfen zu wollen, ist sehr ehrenwert. Aber auch in diesem Fall liegt die Gefahr im Übermaß. Wenn die HelferInnen ihre eigenen Bedürfnisse aus den Augen verlieren, fühlen sie sich am Ende ausgenutzt und erschöpft.
Die Vergnügungssüchtigen könnte man auf den ersten

Blick mit Lebenskünstlern verwechseln. Sie lieben die Leichtigkeit des Seins und suchen den Spaß. Schaut man jedoch genauer hin, erkennt man, dass sie auf der Flucht sind. Sie haben Angst vor allem, was ihnen den Spaß verderben könnte. Lebenskünstler dagegen können Probleme und Misserfolge zulassen. Sie fürchten Widrigkeiten nicht, sondern haben gelernt, sie zu ertragen und damit umzugehen. Harmoniesüchtige neigen dazu, Konflikte zu vermeiden. Anders als die Vergnügungssüchtigen treten sie allerdings nicht die Flucht an, sondern warten darauf, dass ein Wunder geschieht und alle Schwierigkeiten von allein wieder verschwinden. Die Initiative zu ergreifen und ihre Probleme aktiv zu lösen, fällt Harmoniesüchtigen ungemein schwer.

Wenn hier von »MitspielerInnen« die Rede ist, darf dieser Begriff nicht zu dem Missverständnis verleiten, alle Menschen würden immer aufs Vergnüglichste zusammenarbeiten. Das Spiel des Lebens ist komplexer. Man begegnet auch Gegenspielern, Mitläufern und Zuschauern.

Stanley Milgram, ein amerikanischer Psychologe, hat in einer aufsehenerregenden Studie festgestellt, dass sechzig Prozent der Menschen bereit sind, andere zu foltern, wenn eine angesehene Autorität den Befehl dazu gibt. Andere Forscher haben herausgefunden, dass ungefähr vier Prozent der Menschen kein Gewissen entwickelt haben und daher ihre eigenen Interessen ohne jede Rücksichtnahme auf Leben, Gesundheit und Gefühle ihrer Mitmenschen durchsetzen. Wenn diese an sich kleine Zahl von Gewissenlosen es schafft, Machtpositionen zu erobern, können sie mithilfe der sechzig Prozent Mitläufer sehr viel Unheil anrichten. Die Geschichte hat dieses verhängnisvolle Zu-

sammenspiel von Skrupellosen und ihren Gefolgsleuten bereits mehrfach gezeigt.
Dabei entstehen Situationen, bei denen man bezweifeln kann, ob es noch angemessen ist, von einem Spiel zu sprechen. Ich möchte Ihnen auch in diesem Fall die Antwort nicht abnehmen, sondern lieber noch einmal unterstreichen, wie wichtig es ist, sich gut zu überlegen, was für ein Spiel man spielen will; denn in jedem Fall hat man die Konsequenzen zu tragen. Will man sein Glück riskieren, indem man sich Ziele setzt, die der Lebenslust zuwiderlaufen? Möchte man sein eigenes Spiel spielen? Bei anderen mitmachen? Will man eine Haupt- oder eine Nebenrolle einnehmen? Zum Gegenspieler eines anderen werden, den Part des Mitläufers übernehmen oder einfach nur Zuschauer sein?

Experimentierfreude

Sowohl um das Leben auszukosten als auch um die sich in den Weg stellenden Probleme zu lösen, ist Experimentierfreude gefragt. Nur wenige wissen gleich am Anfang ihres Lebens, welchen Weg sie einschlagen wollen. Man darf sich von denjenigen, die schon im frühen Kindesalter ihr Talent entdeckt und danach konsequent entfaltet haben, nicht beeindrucken lassen. Normalerweise muss man verschiedene Möglichkeiten ausprobieren, um herauszufinden, wer man ist, was man kann und wohin die Reise gehen soll.
Es geht ja nicht nur um den Beruf, den man ergreifen

möchte. Viele Entscheidungen sind zu treffen. Die großen: Welcher Partner, welche Partnerin, welche FreundInnen, welche Umgebung passen am besten zu mir? Wo will ich leben? Und die tausend kleinen: Welches Essen bekommt und schmeckt mir am besten? Wie will ich mich kleiden? Welcher Stil gefällt mir? Welche Teile der Welt möchte ich mir anschauen?

Außerdem ändern sich die Bedürfnisse ständig. Deshalb passen wir unseren Lebensweg jeden Tag ein wenig an. Geradlinigkeit ist nicht zu erwarten. Die Um- und Nebenwege gehören dazu. In der Natur findet man nur selten gerade Linien. Deshalb wirken Bauten, die auf dem Reißbrett mit dem Lineal entworfen wurden, wie Fremdkörper in der Landschaft. Natürlicher sind krumme, geschwungene Linien oder Spiralen. Deshalb sollte man sich auch auf seinem Lebensweg keine Geraden aufzwingen, sondern ruhig ein paar übermütige, unkonventionelle Runden drehen. Das geht heute leichter denn je. Sogenannte Patchwork-Karrieren sind weit verbreitet. Die Berufswege weisen zahlreiche Knicke, Umwege, Höhen und Tiefen auf. Während dies früher als Zeichen von Charakterlosigkeit gedeutet wurde, wird es inzwischen mehr und mehr toleriert. Darin liegen enorme Chancen; denn so wird es möglich, seinen Weg zu ändern, anstatt ihn bis zum bitteren Ende gehen und alle bunten Träume auf das Rentenalter verschieben zu müssen.

Ebenso vielfältig sind die Formen des Zusammenlebens geworden. Gab es früher nur entweder die Ehe oder die Existenz als »eigenbrötlerischer Junggeselle« beziehungsweise als »alte Jungfer«, nehmen sich heute immer mehr Menschen die Freiheit, ganz nach ihrer eigenen Façon glücklich zu werden. Sie leben als Single, in Ehen oder Lebensgemeinschaften, in Landkommunen, Hauskommunen, zu dritt oder wie auch immer. Ob es funktioniert, mag auf einem anderen Blatt stehen. In jedem Fall hat man mehr Möglichkeiten auszuprobieren, wie man (zusammen) leben möchte.

Während es noch vor hundert Jahren die Ausnahme darstellte, ins Ausland zu reisen, lernen heute mehr Menschen denn je andere Länder kennen. Sie verbringen ihren Urlaub in der großen, weiten Welt, absolvieren Auslandspraktika, gehen als Austauschschüler in ein fremdes Land oder arbeiten in der fernen Filiale eines weltweit operierenden Unternehmens. Dadurch ergeben sich Vergleichsmöglichkeiten, die den Menschen damals verschlossen waren.

In einem früheren Kapitel habe ich gesagt, dass LebenskünstlerInnen ihr Leben bewusst gestalten und konkrete Vorstellungen entwickeln, wie ihr Weg bis ins hohe Alter aussehen soll. Das bedeutet aber keinesfalls, dass sie ihren Weg stur verfolgen, ohne Änderungen vorzunehmen. Im Gegenteil: KünstlerInnen experimentieren mit verschiedenen Entwürfen und LebenskünstlerInnen halten es genauso. Gestaltung beinhaltet immer auch Anpassung und Veränderung.

Da auf Dauer nichts so bleibt, wie es ist, wechseln die Umstände. Es kann notwendig werden, sich im Laufe des Lebens einmal oder sogar mehrmals neu zu erfinden. Was kann nicht alles passieren? Wir werden Zeuge von Revolutionen (zuletzt die weitgehend friedlichen in den 1980ern in Deutschland und Osteuropa), vom Zusammenbruch von Bundesstaaten (Sowjetunion, Jugoslawien), von Kriegen (Afghanistan, Irak, Kosovo, Libyen und andere), tech-

nischen Umwälzungen (Computer, Digitalisierung, Automatisierung in der Industrie und den Haushalten), Rechtschreibreformen und der Einführung neuer Währungen (Reichsmark, D-Mark, zurzeit Euro).
Man kann versuchen, unabhängig von solch gewaltigen Veränderungen seine Pläne durchzuziehen. Oder man beschließt, neu anzufangen. Beides ist in Ordnung. Es kommt nur darauf an, dass man sich bei allen notwendigen oder freiwilligen Experimenten bewusst macht: Man spielt, um Spaß zu haben.

Improvisation

Improvisieren bedeutet, auf Unvorhersehbares geschickt zu reagieren. Im Theater sind gute SchauspielerInnen in der Lage, ein Stück weiterzuspielen, auch wenn Dinge passieren, die nicht im Drehbuch stehen, zum Beispiel wenn ein Kollege den Faden verliert und dadurch eine unerwartete Pause entsteht, die irgendwie überbrückt werden muss, bis er den Faden wiederfindet. Oder wenn ein Teil der Kulissen umfällt. Anders als bei den Dreharbeiten zu einem Film kann man die Szene nicht so ohne Weiteres noch einmal beginnen. Man muss sich schon etwas einfallen lassen.
Spiele leben davon, dass Unvorhersehbares passiert. Ereigniskarten sorgen dafür, dass es spannend wird. Sie bringen Spieler, die schon auf der Verliererstraße weilten, plötzlich nach vorn. Umgekehrt vereiteln sie denjenigen, die kurz vor dem Ziel standen, den Sieg.

Da es nur ein Spiel ist, macht es den meisten Menschen Spaß, sich den harmlosen Risiken auszusetzen. Im wirklichen Leben ist es anders. Wir neigen dazu, alles äußerst ernst zu nehmen. Unerwartete Wendungen, die unsere Pläne durchkreuzen, begrüßen wir nicht als willkommenen Nervenkitzel. Wir fassen sie normalerweise nicht als Herausforderungen auf, die unserem Leben gerade seinen Reiz verleihen.

Während wir bei einem Spiel davon ausgehen, dass eine Menge knifflige Situationen entstehen, bevor wir gewinnen, und akzeptieren, dass es auch mit einer Niederlage enden kann, hoffen wir im Leben, dass bloß nichts passiert, was uns aus der Bahn werfen könnte. Wir scheuen Neuanfänge. Bei einer schweren Niederlage in der rauen Realität glauben wir, für alle Zeiten erledigt zu sein, während wir im Spiel darauf brennen, beim nächsten Mal die Nase vorn zu haben.

Einige nehmen jedoch selbst Spiele allzu ernst und verlieren unter Umständen die Lust daran. Für sie besteht kein Unterschied zu ihrem Leben. Gewinne und Verluste nehmen sie so gefangen, als ob diese Realität wären. Wer andererseits das Leben ganz oder teilweise als Spiel auffasst, kann sogar die Wechselfälle leichtnehmen und sich die Lust bewahren, immer weiterzumachen, unabhängig von den Ergebnissen.

Es ist eine der großen Stärken der Lebenskünstler, dass sie Lust am Improvisieren haben. Unvorhergesehenes wirft sie nicht um, sondern fordert lediglich ihre Kreativität heraus. »Was mache ich jetzt aus dieser Situation?«, um diese Frage geht es. Sie leben nicht, um zu »gewinnen« oder zu »verlieren«, sondern lassen sich auf die Dinge, so wie sie sind, ein und versuchen, auf spielerische Weise das Beste daraus zu machen. Im günstigsten Fall winkt dabei ein »Sieg«. Wenn nicht, bleibt immer noch der Reiz des Ausprobierens, Tüftelns und Erfindens.

Stimmigkeit

Wie findet man als Lebenskünstler seinen Weg? Lassen Sie mich zunächst sagen, wie es nicht geht. Es ist ausgeschlossen, sich nach äußeren Kriterien zu richten.

Ich möchte dies am Beispiel der Berufswahl verdeutlichen. Eltern raten ihren Kindern oft, einen Beruf zu ergreifen, bei dem sie möglichst viel verdienen. Bei der Wahl zwischen zwei Arbeitsplätzen sollen sie ebenfalls danach gehen, wo mehr Geld zu holen ist. Damit ist ein eindeutiges Kriterium genannt, mehr aber auch nicht. Es ist ein äußeres Merkmal, das scheinbar Sicherheit in der Frage der richtigen Wahl bietet. Auf diese Weise sind jedoch schon viele in die Irre gegangen.

Geld befriedigt nur den Geldbeutel. Aber der Tag ist lang. Wenn man seine Zeit mit Tätigkeiten verbringt, die einem nichts bedeuten oder sogar verhasst sind, vergeudet man wertvolle Lebenszeit. Ich bin davon überzeugt, dass jeder den Beruf finden kann, der zu ihm passt. Die Suche kann sich als schwierig erweisen und die Realisierung des Wunsches als noch schwieriger. Doch wer es ernsthaft versucht und die Geduld aufbringt, wird es nicht bereuen. Selbst wenn nicht alles hundertprozentig so wird, wie man es sich vorgestellt hat, kann man viel erreichen. Hat man erst einmal angefangen, ergeben sich unterwegs oftmals Möglichkeiten, die man zu Beginn nicht voraussehen konnte. Sie motivieren einen, den Kurs zu halten.

Der Unterschied zwischen einem verhassten und einem geliebten Beruf ist riesig. Auf der einen Seite die Aussicht, jahrzehntelang etwas zu tun, das einem nur die Zeit stiehlt und vielleicht irgendwem nützt, nur einem selbst nicht. Die Antwort auf die Frage, wie es bei der Arbeit läuft, lautet dann: Muss ja. Auf der anderen Seite das Glück, mit sich selbst in Einklang zu sein, etwas Sinnvolles für andere zu tun, sich am Morgen auf den Tag zu freuen und am Abend zufrieden im Bett zu liegen.

Manch einer möchte seinen Berufsweg auf dem Silbertablett serviert bekommen, alles inklusive: die angenehmste Tätigkeit, einen fantastischen Arbeitsplatz, das denkbar beste Umfeld, eine tolle Karriere. Leider hilft das Wünschen und Hoffen nicht weiter. Niemand kann einem die Suche nach dem Ziel und dem richtigen Weg abnehmen.

Zum Glück besitzt jeder einen Kompass, der einem den Weg weist, sei es in beruflichen Dingen oder in anderen Fragen. Ich habe in anderem Zusammenhang bereits darüber gesprochen: Es ist das innere Gefühl der Stimmigkeit, auf das man fokussieren kann. Vielfach hat man eine gewisse Ahnung, ob man eine Sache richtig oder falsch gemacht hat. Dieses vage Gefühl befragt man am besten vor einer Entscheidung. Dieser Vorgang ähnelt dem Heiß-kalt-Spiel, das man als Kind gespielt hat. Eine Person versteckt einen Gegenstand und die andere muss ihn suchen. Nähert sich der Suchende dem Objekt, bekommt er positive Rückmeldungen, die erst »Warm«, dann »Wärmer«,

danach »Heiß« und schließlich »Ganz heiß« lauten. Entfernt er sich jedoch vom gesuchten Gegenstand, sagt man: »Kalt«, »Kälter«, »Noch kälter« oder »Ganz kalt«.
Ähnliche Rückmeldungen kann man bei der Suche nach seinem Lebensweg nutzen. Im Inneren ist spürbar, ob es vor, während und nach einer Entscheidung stimmiger oder unstimmiger wird. Handelt man stets in Übereinstimmung mit seinem inneren Empfinden, wird man sich kaum verirren, und wenn doch, dann nur für kurze Zeit. Man tastet sich quasi voran. Geht man so vor, muss man keine Entscheidung »über das Knie brechen« und auch nicht »ins kalte Wasser springen«.
Man muss allerdings den Mut aufbringen, seinem Gefühl zu vertrauen. Niemand braucht dabei seinen Verstand abzuschalten. Es gibt Situationen, da ist es einfach notwendig, der Vernunft zu folgen, beispielsweise, wenn man beschlossen hat, eine Gewohnheit durch eine andere zu ersetzen. Beim Umlernen muss man Entscheidungen treffen, die dem inneren Gefühl zu widersprechen scheinen. Das Neue kommt einem eine Zeit lang seltsam, fremd oder sogar unangenehm vor. Letztlich ist es aber nur ungewohnt. Mit zunehmender Vertrautheit stimmen Kopf und Gefühl wieder überein.
Stellen Sie sich vor, Sie würden in England Auto fahren. Dort herrscht Linksverkehr. Alles ist genau umgedreht. Das ist am Anfang sehr verwirrend. Man kann sich unmöglich auf sein Gefühl verlassen, weil man dann garantiert auf der falschen Seite fahren würde. Aber nach einiger Zeit gibt sich das. Die neuen Regeln fühlen sich dann genauso richtig an wie die alten.
Die meisten Tagesroutinen haben sich bewährt und sind

deshalb von einem Gefühl der Vertrautheit – nicht notwendigerweise der Richtigkeit! – begleitet. Ändert man sie, stellt sich ein deutlich wahrnehmbares Gefühl ein, das so viel bedeutet wie: »Willst du das wirklich anders machen als sonst?« Der Verstand kann seine Entscheidung noch einmal prüfen, sie bestätigen oder revidieren.
Sie können an diesem Beispiel sehen, dass Kopf und Gefühle sehr gut zusammenarbeiten können. Deshalb sollte man sich über emotionales Feedback besser nicht hinwegsetzen, sondern die Botschaft ergründen.
Haben Sie schon einmal die Erfahrung gemacht, dass Sie ihre innere Stimme beziehungsweise eine gewisse Ahnung missachtet haben, um dann mit Bedauern feststellen zu müssen, dass Sie dies lieber nicht getan hätten? Aus solchen negativen Erfahrungen kann man lernen, in Zukunft aufzupassen, ob eine Entscheidung sich wirklich richtig anfühlt.
Selbst wenn es Ihnen kindlich vorkommen mag: Das alte Heiß-kalt-Spiel könnte der Schlüssel zu Ihrem Glück werden. Entwickeln Sie Ihr Gespür für die richtige Wahl. Mithilfe Ihres inneren Kompasses können Sie sich vergewissern, ob Sie auf dem richtigen Weg sind.

Meisterschaft

Der Weg des Lebenskünstlers ist lang. Es braucht jahre-, wenn nicht jahrzehntelange Übung, um die Kunst des Lebens zu beherrschen, und es ist unmöglich, auszulernen.

Das Lebensspiel ist zu komplex, um alles zu können. Sobald man nachlässt, büßt man einen Teil seiner Fertigkeiten wieder ein.
Meisterschaft bedeutet also nicht, dass man einen Zustand erreicht hat, in dem man die Lebenskunst perfekt beherrscht. Man macht weiter Fehler. Es sind jedoch weniger, man geht gelassener damit um und kann sie schneller korrigieren. Man hat weiterhin Probleme, aber man hat gelernt, anders auf sie zu reagieren. Nicht mit Abwehr, sondern mit Neugier und dem Vertrauen, eine kreative Lösung zu finden.
Lassen Sie uns die drei grundlegenden Disziplinen anschauen, die LebenskünstlerInnen meistern müssen.
Als Erstes wäre da der Umgang mit sich selbst. Sich selbst kennenzulernen, steht am Anfang des Wegs. Es geht darum, seine Bedürfnisse, Vorlieben und Abneigungen zu kennen, damit man die richtigen Entscheidungen treffen kann. Bewusstheit zu entwickeln, ist am wichtigsten. Wenn man in der Lage ist, seine Gedanken, Gefühle, seinen Körper und sein Verhalten ruhig zu beobachten, weiß man, was man tut, sieht die Folgen und kann gegebenenfalls sein Denken und Handeln ändern, sodass man häufiger die Ergebnisse erzielt, die man haben möchte. Man bekommt einen Einblick in sein Potenzial. Die Person, die man sein könnte, tritt deutlicher hervor. Dadurch dass man seine Gefühle, Gedanken und Taten gelassen beobachten kann, entsteht der notwendige Spielraum für Veränderungen. Man gelangt an den Punkt, seine Gedanken, Emotionen und Handlungen leichter steuern zu können. Selbstbetrachtung ist die Voraussetzung für Selbstbeherrschung, ohne die man kein Lebenskünstler, geschweige denn ein Meister dieser Kunst werden kann.

Die nächste Fähigkeit, die es zu lernen gilt, ist der richtige Umgang mit anderen. Hier kommt es darauf an, sich in andere hineindenken und -fühlen zu können. Die wesentliche Erkenntnis, die sich daraus ergibt, ist, dass man trotz aller äußeren Unterschiede mit anderen eine Menge gemeinsam hat. Dadurch entsteht mehr Sympathie und Solidarität. Man sieht die anderen weniger als Fremde, sondern vielmehr als Angehörige einer großen, weltweiten Familie. Das Zuhören, Verständnis für Freunde und Unbekannte und der tiefe Respekt für sie tragen dazu bei, dass man mit seinen Mitmenschen besser zusammenleben kann.

Natürlich muss man auch lernen, Konflikte auszutragen. Meinungsverschiedenheiten und Interessenunterschiede sind vollkommen normal. Sie sind für sich genommen kein großes Problem. Erst wenn man nicht in der Lage ist, wieder einen Konsens herzustellen, wird es schwierig. Um Konflikte angemessen zu bewältigen, braucht man Selbstsicherheit. Wenn man weiß, wer man ist und was man gerne möchte, ist es leichter, den anderen dasselbe zuzugestehen und über mögliche Lösungen zu verhandeln. Zur Selbstsicherheit gehört die Fähigkeit, eine eigene Meinung zu haben, diese zu äußern, den anderen seine Wünsche sowie Komplimente und Kritik mitzuteilen, aber auch entgegenzunehmen.

Mit sich selbst und anderen gut zurechtzukommen, ist noch nicht alles. Schließlich ist da noch der Umgang mit der übrigen Welt. Dies ist ein weites Feld. Dazu zählen die Tiere, die Elemente, die Naturkräfte und alles andere. Keinem ist es möglich, die gesamte Außenwelt kennenzulernen, zu verstehen und bestmöglich auf sie zu reagieren. Zum Glück ist dies auch gar nicht nötig. Die Auswahl wird

durch die eigenen Interessen bestimmt. Es genügt, sich in den Bereichen auszukennen, die für einen persönlich von Bedeutung sind.
Auch mit der Außenwelt sind zahlreiche Konflikte und Probleme möglich. Es beginnt mit dem Wasserhahn im Bad, der tropft, geht weiter mit dem Hund des Nachbarn, der dauernd bellt, dem Sturm, der einem das Dach vom Haus reißt, und endet noch lange nicht bei den Erdbeben, die ganze Landstriche verwüsten. Mit der Zeit kann man lernen, die banalen, aber auch die anspruchsvolleren Probleme zu lösen.
Klingt wie eine große Aufgabe, nicht wahr? Das ist es auch. Man hat jedoch ein ganzes Leben, um sich weiterzuentwickeln. Wenn man das Leben Tag für Tag und Situation für Situation meistert, bleibt es überschaubar. Die vielfältigen Schwierigkeiten sorgen dafür, dass es immer interessant bleibt. Schon ein Spiel wie Schach bietet unzählige Kombinationen. Das Leben ist ein unendlich komplexeres Spiel. Viele wären gerne in der Lage, es leicht und mühelos zu spielen. Aber Mühelosigkeit steht am Ende, nicht am Anfang des Wegs.

Spiel ohne Grenzen

Jeder weiß, dass das Leben mit dem Tod endet. Diese Tatsache verleidet manchen, schon lange bevor ihre Zeit gekommen ist, ihr Dasein. Warum eigentlich? Wie Sie inzwischen wissen, verursachen Tatsachen keinen Kummer.

Vielmehr sind es die Gedanken, die den Menschen Sorgen bereiten.
Schon Epiktet (50–125), dem stoischen Philosophen, war bekannt, dass der Tod an sich keinen Schrecken auslösen kann. Er wusste, dass Sokrates, der zum Tode verurteilt worden war, den Giftbecher seelenruhig geleert hatte. Daraus zog Epiktet den richtigen Schluss, dass selbst die Tatsache des Todes nicht in der Lage ist, uns Angst zu machen. Sonst hätte Sokrates nicht ruhig sterben können. Es sind die Gedanken um den Tod, die uns beunruhigen.
Epikur (342–270 v. Chr.) kam zu ähnlichen Schlussfolgerungen. Er fand, dass man sich um den Tod keine Gedanken machen müsse; denn solange man existiere, sei er nicht da. Und wenn er da sei, existierten wir nicht mehr. »Der Tod geht uns nichts an«, sagte er deshalb. Auch andere Befürchtungen hinsichtlich des Todes zerstreute er. Es gebe keine strafenden Götter, die den Menschen nach dem Tod in die Hölle verbannten. Die Götter seien zu sehr mit sich selbst beschäftigt. Sie verbrächten ihr Dasein in vollkommener Glückseligkeit. Weshalb sollten sie sich mit einer Strafgerichtsbarkeit abgeben? Die Schmerzen, die das Sterben mit sich bringen könne, hielt er für vernachlässigbar. Unerträgliche Schmerzen dauerten nur kurz, da sie schnell zum Tode führten. Alle übrigen Schmerzen könne man aushalten.
Epikur war kein Papierphilosoph, sondern lebte und starb, wie er es lehrte. Obwohl (vermutlich) ein Nierenstein seinem Leben ein schmerzhaftes Ende setzte und er seinen Tod bewusst erlebte, blieb sein Geist davon unberührt. Er schrieb Briefe und verbrachte die letzten Tage mit seinen Freunden, so wie er es auch sonst gehalten hatte.
Man muss ja nicht so weit gehen wie der amerikanische

Schriftsteller und Humorist Art Buchwald (1925–2007). Gegen Ende seines Lebens war er schwer krank. Er verlor ein Bein und verweigerte die wegen eines Nierenleidens notwendige Dialyse. Seine Ärzte gaben ihm nur noch wenige Wochen. Deshalb zog sich Buchwald in ein Hospiz zurück, um dort zu sterben. Freunde und Bekannte verabschiedeten sich von ihm, weil sie mit seinem baldigen Tod rechneten. Aber das Unerwartete passierte: Er starb nicht. So bekam das sicher vorausgesehene Ableben für ihn belustigende Züge. Er begann ein neues Buch und sagte: »Ich wusste nicht, dass das Sterben so viel Spaß macht.« Nach fünf Monaten konnte er das Hospiz wieder verlassen.

Ein weiteres Beispiel für Gelassenheit beim Sterben ist der Philosoph Henry David Thoreau (1817–1862), dessen Schriften bis heute großen Einfluss auf die Ökologie- und Friedensbewegung haben. Bereits mit achtzehn erkrankte er an Tuberkulose. Sie führte schließlich zu seinem frühen Tod im Alter von vierundvierzig Jahren. Als sein Leben sich dem Ende zuneigte, fragte eine Verwandte ihn, ob er seinen Frieden mit Gott gemacht habe. Sie nahm wohl an, dass er mit seinem Schicksal hadere, weil er früh sterben musste. Er jedoch sagte: »Ich wusste gar nicht, dass wir Streit hatten.« Was ist schlimmer als todkrank zu sein? Sterben zu müssen und deswegen schlechte Laune zu haben! Man könnte auch fragen: Was ist schlimmer als der Tod? Den Tod zu fürchten! Selbst so ernste Themen wie Tod und Sterben kann man gelassen betrachten, vielleicht sogar mit einer Prise Humor.

Ich persönlich habe allerdings Bedenken, wenn Menschen ins Gegenteil verfallen und den Tod feiern nach dem Motto: »Viva la muerte!« (»Es lebe der Tod!«)

Ich finde es gerade noch akzeptabel, wenn Ärzte in Kinderkrankenhäusern gelegentlich als Clowns auftreten. Wenn jemand den Umgang mit Krankheit und Tod jedoch allgemein zur ulkigen Zirkusnummer machen wollte, hätte ich ein Unbehagen dabei. Man darf nicht übersehen, dass der amerikanische Arzt Patch Adams unter Depressionen litt, bevor er auf die Idee kam, als Clownarzt tätig zu werden. Auch Art Buchwald hatte zeit seines Lebens mit schweren Depressionen zu kämpfen. Auf mich macht ihr Umgang mit Krankheit und Tod eher den Eindruck, als flüchteten sie sich ins Lachen, anstatt die Tatsache des Sterbens zu akzeptieren.

Verluste sind nicht witzig. Abschiednehmen ist nicht zum Lachen. Aber die Tatsache, dass alles einmal vergeht, ist genauso wenig ein Grund, den Spaß am Lebensspiel gleich mit zu Grabe zu tragen. Der Buddha hat stets den Mittleren Weg empfohlen. Dieser Rat scheint mir auch in diesem Fall zu gelten. Ein angemessener Umgang mit Tod und Sterben liegt zwischen Depression und Clownerien. Den Tod weder zu schwer noch zu leicht zu nehmen: Darauf kommt es an. Er ist das Ende des Spiels, nicht mehr und nicht weniger.

Ob und wie es danach weitergeht, weiß niemand. Ist es ein begrenztes Spiel oder eines ohne Grenzen? Läuft die Uhr ab oder scheint es nur so? »Pachisi«, das Vorbild für »Mensch ärgere dich nicht«, beruht auf der Idee, dass das Leben ein Kreislauf ist. Es endet dort, wo es angefangen hat, und beginnt immer wieder von Neuem. Und wenn es Spaß gemacht hat, fragt man am Ende eines Spiels: Wollen wir noch einmal spielen?

Optimismus

Wenn bloß diese Probleme nicht wären!

Die Probleme sind nicht das Problem. Genau genommen gibt es überhaupt keine Probleme, sondern nur Tatsachen. Ob etwas als »Problem« bezeichnet wird oder nicht, ist Ansichtssache, eine subjektive Bewertung, die nicht dadurch objektiv wird, dass mehrere Menschen sie teilen.

Zugegeben, das ist etwas überspitzt formuliert, aber ich möchte Ihnen wirklich nahebringen, dass man schwierige Aufgaben anders betrachten kann, dass es bessere und schlechtere Einstellungen zu Problemen gibt sowie bessere und schlechtere Strategien, um sie zu lösen.

Beginnen wir mit der Einstellung. Der Wunsch, es möge keine Probleme geben, hilft nicht weiter. Dennoch haben viele Menschen Sehnsucht nach dem Paradies, nach einer Welt ohne Schwierigkeiten. Je früher sie diese Illusion aufgeben, desto besser. Das Paradies kommt, wenn überhaupt, später. Wir leben hier auf der Erde, in einer Welt voller Gegensätze und Widersprüche. Die Wirklichkeit ist manchmal rau. Hier prallen Interessen aufeinander. Das Bedürfnis nach Win-win-Lösungen, also solchen, bei denen alle Beteiligten gewinnen, ist groß. Aber auch die Anhänger dieses Konzepts sind nicht davor gefeit, Lose-lose-Situationen zu schaffen, Verhältnisse, die sich am Ende für alle als nachteilig erweisen.

Wenn man bei jedem Problem gleich frustriert ist und sich darüber aufregt, sofort bezweifelt, dass man es schafft, damit fertig zu werden, sowie sein Glück und Wohlbefinden auf der ganzen Linie bedroht wähnt, macht man sich das Leben ganz besonders – und unnötig! – schwer; denn es gibt nun mal jede Menge Probleme: von morgens bis abends, hier wie dort, das ganze Leben lang. Sie hören nie auf. Deshalb ist es so wichtig, keine Illusionen darüber zu hegen, dass sie irgendwann wie durch ein Wunder verschwinden werden, sondern so bald wie möglich die richtige Einstellung dazu zu finden. Sie lässt sich in einem Wort zusammenfassen: Optimismus. Diese so überaus wichtige Fähigkeit entsteht nicht von allein. Man muss sie entwickeln und zu einer positiven Gewohnheit machen. Wenige haben das Glück, gleich als Kind in einer Umgebung von OptimistInnen aufzuwachsen. In derart idealen Verhältnissen wird diese Haltung quasi zur zweiten Muttersprache. Sie ist dann so selbstverständlich, dass einem kaum bewusst ist, dass man sich optimistisch verhält. Man kennt es nicht anders.

Für die meisten ist es leider unumgänglich, sich später eine optimistische Einstellung anzutrainieren. Da Optimismus gelernt werden kann, ist es im Prinzip egal, wann man damit anfängt. Es ist jedenfalls nie zu spät. Um das zu glauben, braucht man allerdings schon ein Mindestmaß an Optimismus. Pessimisten sind nämlich davon überzeugt, dass man ihn a) überhaupt nicht, b) nur in jungen Jahren, c) nur mit großer Mühe lernen kann.

Und wie wird man Optimist? Als Erstes beschließt man, alle Schwierigkeiten, Hindernisse und Krisen zu akzeptieren. Man hört auf, Probleme zu leugnen. Die falsche

Hoffnung, dass sie eines Tages von allein verschwinden, gibt man ebenfalls auf. Stattdessen macht man sich klar, dass man in der Vergangenheit bereits mit zahlreichen Widrigkeiten fertig geworden ist. Dieses Bewusstsein gibt einem das Vertrauen, auch die gegenwärtigen und zukünftigen Probleme Schritt für Schritt lösen zu können. Zu diesem Zweck entwickelt man eine geeignete Strategie, die man jedes Mal anwendet (siehe das Kapitel »Kreativität«). Die so entstandene Zuversicht ist allerdings noch ein zartes Pflänzchen, das angesichts größerer Probleme einzugehen droht. Manche Hürden haben die unangenehme Eigenschaft, nur schwer überwindbar zu sein. Sie scheinen allen Bemühungen, darüber hinwegzukommen, zu widerstehen. Es braucht mitunter viel Zeit und Kraft, bis man es dann doch geschafft hat. Deshalb ist es besser, sich von Anfang an keinen Illusionen hinzugeben, was die Länge des Wegs und den Grad der Schwierigkeiten angeht. Sonst verliert man schnell wieder den Mut.
Egal wie groß die Probleme zu Beginn scheinen, bewahren Sie die Überzeugung, dass sie am Ende lösbar sind. Einige Krisen zeigen ihr wahres Ausmaß erst mit der Zeit. Auch in diesem Fall müssen Sie unbedingt davon ausgehen, dass Sie damit fertig werden, egal wie lange es dauern wird. Setzen Sie sich kein Zeitlimit. Das erzeugt nur zusätzlichen Druck und untergräbt die Hoffnung, wenn Sie es innerhalb der Frist nicht schaffen. Entscheidend ist die Entschlossenheit zu unbegrenzter Ausdauer.
Wie gesagt: Die Probleme selbst sind nicht das Problem. Erst die Vorstellung, dass die widrigen Umstände ihr Lebensglück bedrohen, beunruhigt die Menschen. Besonders belastend ist der Gedanke, dass man wegen seiner Pro-

bleme nie wieder glücklich sein wird. Verwechseln Sie deshalb nicht Ihre Gedanken mit den Tatsachen.
Ersetzen Sie die beängstigenden, deprimierenden und wütenden Überlegungen durch solche, die der Realität entsprechen. Bleiben Sie bei den Tatsachen. Da Sie nicht in die Zukunft sehen können, ist es unsinnig, sich diese in den schwärzesten Farben auszumalen. Indem Sie sich klarmachen, dass Sie trotz aller Schwierigkeiten ein glückliches Leben führen können, bändigen Sie Ihre wilden Fantasien. Schwierigkeiten sind immer nur ein Teil des Lebens. Es kommt darauf an, sich nicht ausschließlich darauf zu konzentrieren. Sonst füllen sie das gesamte Bewusstsein aus und man bekommt den Eindruck, man habe nichts weiter als Probleme im Leben. Indem man gerade in solchen Zeiten gelassen bleibt und täglich Dinge tut, die einem Freude bereiten, setzt man die Probleme ins richtige Verhältnis. Leider neigen viele unter Stress dazu, nichts mehr zu unternehmen, was ihnen Spaß machen könnte, und sich nur noch mit den Beeinträchtigungen zu beschäftigen. Damit nimmt man sich jede Möglichkeit, wieder Kraft zu schöpfen, Körper und Geist Erholung zu gönnen und auf diese Weise für den so nötigen Ausgleich zu sorgen.
Was kann man noch tun? Fassen Sie jedes Hindernis, dem Sie begegnen, als Herausforderung auf, so wie Sie es bei einem Spiel tun würden: »Interessante Konstellation! Wie komme ich da am besten heraus?«, »Dass ich damit fertig werde, steht schon mal fest, jetzt interessiert mich nur noch, wie.« So oder so ähnlich sollte Ihr erster Gedanke sein. Reagieren Sie nicht mit Abwehr, sondern mit Neugier. Es ist eine Gelegenheit, Ihre Fähigkeiten zu mobilisieren,

Ihr Können auf die Probe zu stellen, Neues zu lernen, kreativ zu sein, vielleicht sogar Spaß zu haben und auf diese Weise eine stärkende Erfahrung daraus zu machen.
Jeder hat bis zum heutigen Tag schon unzählige Schwierigkeiten gemeistert. Zu viele, um sie alle aufzuzählen. Wäre es anders, könnten Sie dieses Buch nicht lesen. Sie müssen zweifellos sehr viel richtig gemacht haben, um es bis hier zu bringen. Es könnte hilfreich sein, sich daran zu erinnern, wie Sie seit Ihrer Kindheit die wichtigsten Krisen gemeistert haben. Man vergisst so schnell, dass man am Anfang nicht immer davon überzeugt war, die Belastungen auszuhalten. Und dann ging es doch!

Ein Puzzle der besonderen Art

Optimisten unterscheiden sich von Pessimisten durch andere Gedanken. Während Pessimisten sich selbst, die anderen und die Welt negativ beurteilen, tun Optimisten das Gegenteil. Sie denken positiv über sich, sehen in anderen das Gute und achten auf das Erfreuliche in der Welt.
Optimismus bedeutet, stets das Beste zu erwarten (lat. optimum – das Beste). Wie Sie bereits wissen, trägt jeder eine Art geistige Brille, die die Tatsachen filtert, verzerrt und einfärbt. Indem man die rosarote Brille aufsetzt, wird man zum Optimisten. Zur Auswahl stehen aber auch die schwarz beziehungsweise grau getönte und die glasklare, farblose Variante. Mit der ersten sieht man die Welt in ihren schönsten Farben. Selbst die unangenehmen Dinge

wirken freundlicher. Mit der zweiten ist es umgekehrt. Sie hebt die negativen Ereignisse hervor. Alles Erfreuliche verliert seinen Glanz. Mit der glasklaren, farblosen Brille sieht man die Welt, wie sie ist. Die Tatsachen, die weder positiv noch negativ sind, treten deutlicher hervor.

Was die Zukunft bringen wird, kann niemand mit Bestimmtheit sagen. Sie ist das Land der Möglichkeiten, nicht der Tatsachen. Deshalb hilft einem hier die sonst so wohltuende klare Brille nicht weiter. Hinsichtlich der Zukunft kann man allenfalls mit Wahrscheinlichkeiten rechnen und selbst das in Grenzen. Man steht deshalb vor der Wahl, ob man die Zukunft lieber rosig oder schwarz sehen will. Dass Psychologen, die sich mit dem Thema beschäftigt haben, eher zur rosaroten Brille raten, haben wir schon besprochen.

Das Beste anzunehmen, darf aber nicht dazu führen, sich hinzusetzen und auf das Gute zu warten. Man muss schon aktiv werden und dem Glück entgegengehen, wenn es denn eintreten soll.

OptimistInnen fühlen sich wohl, wenn sie an die Zukunft denken. Angesichts von Problemen erschrecken sie nicht; denn sie sind überzeugt, dass sie damit klarkommen werden. Eine optimistische Einstellung gewährleistet, dass der Geist kreativ arbeiten kann, während Angst das Denken generell beeinträchtigt. Man tut sich also keinen Gefallen, wenn man sorgenvoll in die Zukunft blickt.

Wie Sie bereits wissen, fühlt und handelt man so, wie man denkt. Deshalb ist es logisch, dass Optimisten sich wohlfühlen, wenn sie sich die Zukunft vorstellen. Sie nehmen grundsätzlich das Beste an.

Lassen Sie uns das ABC der Gefühle noch einmal wieder-

holen und es anschließend in Bezug auf den Optimismus erörtern. A bezeichnet ein inneres oder äußeres Geschehen. B ist die Bewertung dieses Geschehens, C die Folge der Bewertung, also ein Gefühl, eine Handlung oder eine Körperreaktion.
Fangen wir mit dem AC-Denken an, das so verbreitet und dennoch falsch ist. Fast alle Menschen glauben, dass die Umstände unmittelbar Gefühle, Handlungen und Körperreaktionen auslösen. Die einen mehr, die anderen weniger. Prüfen wir, ob das stimmt.

Beispiel 1:
A X fällt ein Glas herunter. Es zerbricht.
C X ärgert sich.

Anscheinend steht hier kein Gedanke zwischen dem Geschehen und dem Gefühl. Klar, wenn einem etwas kaputtgeht, ärgert man sich, oder?

Beispiel 2:
A X fällt ein Glas herunter. Es zerbricht.
C X bleibt gelassen.

Wie bitte? Kein Ärger, sondern Gelassenheit? Wie kann es sein, dass dasselbe Ereignis zwei unterschiedliche Gefühle hervorruft? Nun, es sind die Gedanken, die den Unterschied ausmachen. Das ABC ist wie ein Puzzle, bei dem man die fehlenden Teile ergänzen muss. Überlegen Sie einmal, was X im ersten und zweiten Beispiel wohl durch den Kopf gegangen ist.

Beispiel 1 (Fortsetzung):

A X fällt ein Glas herunter. Es zerbricht.

B ???

C X ärgert sich.

Beispiel 2 (Fortsetzung):

A X fällt ein Glas herunter. Es zerbricht.

B ???

C X bleibt gelassen.

Ärger wird durch ärgerliche Gedanken hervorgerufen. Häufig sind es Muss-Gedanken, die zu Ärger führen. Etwas muss beziehungsweise sollte so sein, wie man es sich wünscht. Es darf auf keinen Fall anders kommen.

Gelassenheit wiederum wird durch neutrale Gedanken ausgelöst. Man beurteilt ein Geschehen realistisch.

In den beiden Beispielen könnte es wie folgt gewesen sein. Dabei kommt es nicht auf den genauen Wortlaut an. Es gibt unendlich viele Ärger- beziehungsweise Gelassenheitsgedanken.

Beispiel 1 (Fortsetzung):

A X fällt ein Glas herunter. Es zerbricht.

B X denkt: »Das darf mir nicht passieren.«

C X ärgert sich.

Beispiel 2 (Fortsetzung):

A X fällt ein Glas herunter. Es zerbricht.

B X denkt: »Schade um das Glas, aber so etwas kommt vor.«

C X bleibt gelassen.

Nicht immer sind einem die Gedanken bewusst. Sie sind oft schon so lange eingeübt, dass man ihnen keine Aufmerksamkeit mehr schenkt. Es ist wie beim Zähneputzen. Das geschieht nach einigem Training derart automatisch, dass man es kaum noch wahrnimmt.
Trotzdem kann man sich den ABC-Zusammenhang jederzeit bewusst machen, wenn man es möchte. Es lohnt sich beispielsweise dann, wenn man seine pessimistischen Gedanken, die einem aus alter Gewohnheit durch den Kopf gehen, durch neue optimistische ersetzen möchte.
Oft ist einem nur ein Teil des Geschehens gegenwärtig. Aber die fehlenden Teile lassen sich wie bei einem Puzzle mit Geduld und zunehmender Übung finden.

Beispiel 3:
A ???
B X denkt: »Das ist gefährlich.«
C X bekommt Angst.

Was könnte hier passiert sein? Das Ereignis, das der Reaktion vorausgegangen ist, ist nicht in jedem Fall sofort zu identifizieren.

Beispiel 4:
A X verliert eine Partie »Mensch ärgere dich nicht«.
B X denkt: »Nie gelingt mir etwas. Ich bin ein Versager.«
C ???

Wie wird X sich nach diesen Gedanken fühlen? Wird er/sie traurig sein oder sich freuen? Wird X Lust haben, noch einmal zu spielen, wenn er/sie so denkt?

Als Nächstes wollen wir untersuchen, wie jemand denken müsste, um bestimmte Gefühle hervorzurufen.

Beispiel 5:
A X besteht die Prüfung mit einer Eins.
B ???
C X ist glücklich.

Falls Sie immer noch glauben, jeder sei automatisch glücklich, wenn er bei einer Prüfung sehr gut abschneidet, dann täten Sie gut daran, sich mit dem ABC der Gefühle eingehender zu beschäftigen. Es ist nämlich keineswegs so, dass alle nach einer guten Leistung glücklich sind. Manche denken: »Das hätte jeder gekonnt. Die Fragen waren einfach.« Oder: »Diesmal habe ich es geschafft, aber ob ich diesen Erfolg beim nächsten Mal wiederholen kann?« Oder: »Ich habe zwar die beste Note bekommen. Aber zwei Fragen konnte ich nicht beantworten. Das hätte mir nicht passieren dürfen.«
Sie sehen hier sehr deutlich, dass man ein und dasselbe Ereignis vollkommen unterschiedlich bewerten kann. Je nachdem, was man angesichts einer bestandenen Prüfung denkt, wird man nichts fühlen (auch das ist ein Gefühl!), sich Sorgen machen oder sich ärgern. Um sich zu freuen, müsste man das Geschehen positiv bewerten, beispielsweise so: »Das ist toll. Die Mühe des Lernens hat sich gelohnt. Jetzt steht mir die Zukunft offen.«
Drei Dinge sind zu beachten, will man das ABC der Gefühle richtig anwenden. Erstens: Es nützt nichts, sich bestimmte Gedanken nur einzureden. Man muss von dem, was man denkt, wirklich überzeugt sein. Wenn man bei

einer Eins in der Prüfung sein hervorragendes Abschneiden für wertlos hält, dann ist es sinnlos, sich immer wieder zu sagen, es sei toll. Vielmehr müsste man die Gründe untersuchen. Warum hält man die gute Note für wertlos? Stimmen die diesbezüglichen Überlegungen mit den Tatsachen überein? Die zurückhaltende Bewertung könnte durchaus berechtigt sein: Hat jemand eine Eins in der Abschlussprüfung seines Studienfachs bekommen, aber längst beschlossen, nach dem Examen etwas vollkommen anderes zu machen, ist die Note für denjenigen tatsächlich relativ wertlos. Es kann aber auch sein, dass die Person generell dazu neigt, negative Gedanken anzustellen. Dann müsste sie gegebenenfalls umdenken, indem sie ihren negativen Überlegungen widerspricht und sich stattdessen die Gründe bewusst macht, weshalb eine sehr gute Prüfungsnote etwas Wertvolles und Erfreuliches darstellt.

Zweitens ist es wichtig, realistisches und unrealistisches optimistisches Denken zu unterscheiden. Zwar kann man die Zukunft nicht in allen Punkten vorhersehen, aber einiges ist sicher. Wenn jemand ein Glas fallen lässt, so wird es höchstwahrscheinlich zerbrechen, wenn es auf einen Betonboden prallt. Zu denken, es werde schon gut gehen, hat mit Optimismus nichts zu tun. Es ist einfach unrealistisch.

Genau das ist die Krux beim sogenannten Positiven Denken. Sich etwas einzureden, was den Tatsachen oder dem zu erwartenden Ablauf höchstwahrscheinlich widerspricht, ist irrational, egal wie positiv es klingen mag. Deshalb ist das Positive Denken zu Recht etwas in Verruf geraten. Es will bisweilen um jeden Preis angenehme Gefühle hervorrufen. Aber man tut sich keinen Gefallen, wenn man dabei die Tatsachen auf den Kopf stellt.

Als Drittes ist zu beachten, dass Menschen über ihre Gedanken und Gefühle nachdenken und diese positiv oder negativ bewerten. Das heißt, an der Stelle von A kann auch ein Gedanke oder ein Gefühl stehen.

Beispiel 6:
A X ärgert sich über ein Ereignis.
B X denkt: »Ich sollte mich nicht darüber ärgern.«
C Jetzt ärgert sich X noch mehr.

Beispiel 7:
A X denkt: »Y ist ein Schuft.«
B X denkt: »Ich sollte nicht so schlecht über Y denken. Er ist schließlich mein Vater.«
C X schämt sich.

Nun zur Frage, wie Sie das ABC der Gefühle nutzen können, um Ihre Probleme optimistisch anzugehen. Am wichtigsten ist es, sich die Gedanken zu den Problemen und zur Zukunft bewusst zu machen (Punkt B) und mithilfe zweier Fragen zu prüfen:
1. Entspricht Ihr Denken den Tatsachen?
Oder auch: Gibt es Beweise für Ihre Annahmen?
Ist es wahrscheinlich, dass Ihre negativen Erwartungen wahr werden, oder ist dies lediglich möglich?
2. Helfen Ihnen Ihre Überlegungen weiter?
Oder auch: Unterstützen Ihre Gedanken Sie dabei, sich so zu fühlen, wie Sie möchten?
Geben Ihnen Ihre Fantasien Kraft, sich für die Lösung Ihrer Probleme einzusetzen?

Falls Sie keine dieser Fragen bejahen können, ersetzen Sie Ihre Gedanken durch solche, die diese Kriterien erfüllen. Finden Sie gute, überzeugende Gründe, warum es Ihnen am Ende gelingen wird, Ihre Probleme zu lösen. Mit der Zeit, das heißt, wenn Sie lange genug optimistisches Denken geübt haben, werden Sie feststellen, dass Sie auf Schwierigkeiten automatisch zuversichtlich reagieren. Sehen wir uns an, wie Person X das macht.

Beispiel 8:

A X hat die Kündigung erhalten.

B X denkt: »Ich werde damit klarkommen, und zwar aus den folgenden Gründen: …«

C X ist zuversichtlich.

Falls X unrealistisch über die Kündigung und ihre Folgen denkt, müsste er/sie den pessimistischen Gedanken widersprechen und optimistische Alternativen finden.

Beispiel 9:

A X hat die Kündigung erhalten.

B X denkt: »Das ist das Ende. Ich werde in der Gosse landen. Meine Familie wird sich von mir trennen. Niemand wird mehr mit mir sprechen wollen.«

C X ist sehr unglücklich.

D (Diskussion und Widerlegung von B)
X überlegt: »Stimmt das, was ich da denke? Nein, die Kündigung ist nicht das Ende. Ich suche mir eine neue Stelle. Selbst wenn es längere Zeit dauern sollte, bis ich etwas Neues finde: In der Gosse werde ich nicht landen. Ich werde sparen müssen. Das ist aber auch alles.

Meine Familie wird sich nicht von mir trennen. Sie hat in der Vergangenheit stets zu mir gehalten und versteht meine Situation. Es kann sein, dass der eine oder andere sich von mir abwenden wird. Aber meine besten Freunde werden mich unterstützen.«

E (Emotion nach der Diskussion und Widerlegung von B) X ist gelassen und motiviert, die Situation aktiv zu verbessern.

Ich hoffe, Sie verstehen jetzt, warum ich der Ansicht bin, dass man Optimismus lernen kann. Es hängt vom Denken ab, ob man zuversichtlich ist oder Angst vor Misserfolgen hat. Man kann sich jederzeit bewusst machen, was einem durch den Kopf geht. Stellt man fest, dass man zu pessimistisch denkt, ist es möglich, die unrealistischen, negativen Erwartungen durch realistische, positive zu ersetzen. Auf diese Weise könnte das ABC der Gefühle zum besten Puzzle werden, das Sie jemals gespielt haben.

Deshalb ist es eine Kunst

Manche halten sich für Optimisten, obwohl sie es in Wirklichkeit nicht sind. Solange die Dinge so laufen, wie sie es sich vorstellen, schauen sie zuversichtlich in die Zukunft. Sie erwarten, dass es immer so weitergeht. Sobald jedoch Hindernisse auftauchen, verfallen sie in Pessimismus. Ängstlich befürchten sie, dass die Krise lange anhalten wird, womöglich nie wieder aufhört.

Das ist so eine Art Schönwetter-Optimismus. Wenn die Sonne scheint, ist man optimistisch. Sobald sich das Wetter dreht, wird man zum Pessimisten. Echter Optimismus ist etwas anderes. Er ist gerade in Krisenzeiten wichtig. Man erwartet stets das Beste, unabhängig von den Umständen, ja sogar allen Widrigkeiten zum Trotz. Die Schönwetter-Optimisten nennen so etwas unerschütterlichen Optimismus. In Wahrheit ist es das Kennzeichen wahrer Zuversicht, dass sie sich bei Problemen nicht in Luft auflöst.

Ob jemand Optimist ist, zeigt sich in der Antwort auf zwei Fragen:
1. *Was passiert, wenn es einem nicht gelingt, ein Problem auf Anhieb zu lösen?* Gibt man dann auf oder macht man so lange weiter, bis man am Ziel ist? Misserfolge können leicht dazu führen, an seinen Fähigkeiten zu zweifeln. Das ist jedoch ein Fehler. Optimisten stellen ihre Fähigkeit, Probleme lösen zu können, nicht infrage. Sie wissen, dass Rückschläge zum Leben dazugehören. Niemand erreicht seine Ziele auf geradem Weg, jedenfalls keine höheren Ziele. Man muss immer Umwege, Rückschritte und Misserfolge in Kauf nehmen. Optimismus bedeutet nicht, zu glauben, dass immer alles glattgeht. Das wäre naiv. Zuversichtliche Menschen stellen sich von vornherein darauf ein, dass es Probleme geben wird. Sie bereiten sich, soweit möglich, darauf vor. Deshalb bekommen sie keinen Schreck, wenn tatsächlich Barrieren auftauchen.
2. *Gibt es nicht Probleme, die wirklich unlösbar sind?* Pessimisten bejahen diese Frage, Optimisten verneinen sie. In der Tat, jedes Problem ist lösbar, entweder äußerlich oder innerlich. Wenn ein Haus abbrennt, kann man es wie-

der aufbauen. Geht etwas zu Ende, kann man etwas Neues anfangen. Aber natürlich gibt es Dinge, die für immer verloren sind. Menschen sterben. Beziehungen enden. Geräte gehen kaputt. Diese Ereignisse müssen jedoch nicht zum Problem werden. Zunächst einmal sind es reine Tatsachen. Erst indem man sie allzu negativ bewertet, verwandelt man sie in Probleme. Man kann trotz aller Widrigkeiten seine Gelassenheit, Lebenslust und Spielfreude bewahren. In der Außenwelt kann man viele Probleme lösen, in der Innenwelt alle. Dieses Wissen gibt einem Selbstvertrauen.

Leicht umzusetzen sind diese Erkenntnisse nicht, vor allem nicht, wenn einem dieses Denken vollkommen neu ist. Sonst wäre es keine Kunst. Aber es ist möglich!

Was Lebenskünstler von anderen Künstlern unterscheidet

Von Musikern, Tänzern, Schauspielern, bildenden Künstlern, Schriftstellern und anderen verlangt niemand, dass sie gelassen oder optimistisch sind. Sie müssen sich weder durch Lebenslust noch Spielfreude auszeichnen. Im Gegenteil: Das Publikum erwartet sogar eher, dass KünstlerInnen schwierige Persönlichkeiten sind.
Ein sich hartnäckig haltendes Klischee besagt, dass nur ein leidender Künstler große Kunst schaffen könne. Den künstlerischen Ausdruck von Glück oder Liebe bezeichnen

Kritiker häufig als banal und minderwertig: Groschenroman-Qualität. Nur wenn die Liebe im Roman scheitert, das Glück am Ende des Films zerstört ist, haben sie den Eindruck, etwas künstlerisch Wertvolles erlebt zu haben.
Mich erinnert das an den lange Zeit gepflegten Unterschied zwischen E- und U-Musik, der ernsten und der Unterhaltungsmusik. Inzwischen wird nur noch selten in solchen Kategorien gedacht. Sie sind auf dem Gebiet der Musik überholt. Vielleicht nimmt die Bedeutung dieser irrelevanten Unterscheidung irgendwann auch in der Literatur, der Malerei und in der Welt des Theaters ab.
Der künstlerische Prozess kennt sowieso keinen Unterschied zwischen E (Ernst) und U (Unterhaltung). Menschen geben vage gefühlten Bedeutungen eine Form, so wie ich das im Abschnitt »Das Leben als Kunstwerk« geschildert habe. Ob man sie als Künstler und ihre Werke als Kunst bezeichnen will, ist Ansichtssache. Letztlich sind diese Begriffe beliebig. Deshalb lässt sich über Kunst so trefflich streiten. Manches, was zunächst als Kunst betrachtet wurde, verliert mit der Zeit diesen Rang. Anderes, was am Anfang missachtet wurde, erfährt später Anerkennung.
Mit zunehmendem Bewusstsein wird sich die Theorie vom Leiden als Voraussetzung der Kunst ändern. Mag sein, dass KünstlerInnen mehr als andere dazu neigen, depressiv, manisch, neurotisch oder verrückt zu sein. Einseitig ist dieses Bild in jedem Fall; denn es gab in der Vergangenheit (und gibt in der Gegenwart) zahlreiche KünstlerInnen, die gleichzeitig LebenskünstlerInnen waren, also ein glückliches, zufriedenes Leben geführt haben.
Niemand muss leiden, um Kunst zu schaffen. Umgekehrt

schmälert es nicht die künstlerische Leistung, wenn jemand dem Leiden Ausdruck verleiht. Nur ist derjenige eben kein Lebenskünstler, der mit den Anforderungen des Lebens nicht fertig wird.
Von LebenskünstlerInnen kann man erwarten, dass sie in Krisen gelassen bleiben. Sie haben einen entwickelten Sinn für Lebenslust und können daher vielen Situationen etwas Erfreuliches abgewinnen, in denen andere nur Langeweile empfinden oder mit Sorge, Enttäuschung oder Ärger reagieren. Für sie ist das Leben das interessanteste und beste aller denkbaren Spiele. Götter sind allmächtig, omnipräsent und unsterblich. Menschen dagegen müssen lernen, mit den Grenzen zurechtzukommen, die in der realen Welt existieren. Das macht die Schwierigkeiten, aber auch den besonderen Reiz des Lebensspiels aus. Um angesichts der zahlreichen Hindernisse auf dem Weg nicht zu verzagen, brauchen LebenskünstlerInnen (unerschütterlichen) Optimismus. Und schließlich müssen sie sehr erfinderisch sein, um alle Hürden zu überwinden und das innere und äußere Spiel genießen zu können.
Das nächste Kapitel handelt deshalb von Kreativität, der Eigenschaft, die alle Künstler gemeinsam haben.

Kreativität

Den Kopf auf die richtige Art benutzen

Zwei Strategien funktionieren nicht beim Problemlösen. Bei der einen versucht man, den Kopf in den Sand zu stecken. Man will die Schwierigkeiten einfach leugnen oder hofft, jemand anders möge sich ihrer annehmen. Zwar ist es richtig, dass einige Probleme sich von selbst erledigen. Aber generell zu erwarten, dass sie ohne eigenes Zutun wieder verschwinden, ist ein Fehler; denn oft lassen sie sich leicht lösen, solange sie klein sind. Je länger man wartet, desto größer werden manche Probleme, und dann ist es um ein Vielfaches schwerer, sie zu beseitigen.

Zu hoffen, die anderen mögen einem alle Schwierigkeiten abnehmen, ist ein verständliches Überbleibsel aus der Kindheit. Als man noch nicht für sich selbst sorgen konnte, war es selbstverständlich, dass die Eltern oder andere Personen diese Aufgabe übernahmen. Aber für Erwachsene ist die Erwartung, dass andere sich um ihr Wohl kümmern, nicht mehr angemessen.

Autonomie hat ihren Preis. Man kann einerseits über sein Leben selbst bestimmen, muss andererseits aber auch bereit sein, die Verantwortung zu tragen. Vielen fällt es schwer, diesen Preis zu zahlen. Sie wollen die Freuden der Unabhängigkeit genießen, fühlen sich aber als Opfer, wenn ihre Probleme eigenes, aktives Handeln erforderlich

machen. Dann neigen sie dazu, in kleinkindliches Jammern zu verfallen, die Verantwortung von sich zu weisen und andere zu beschuldigen, sie ließen sie im Stich.
In dem Roman »Die Blechtrommel« von Günter Grass verspürt Oskar Matzerath nach seiner Geburt den Wunsch, in seine embryonale Kopflage zurückzukehren. Aber es ist zu spät. Er ist bereits abgenabelt. So ähnlich empfinden wir es vielleicht auch, wenn wir uns nach den seligen Kindertagen (wenn es denn so war) zurücksehnen, als die Welt noch in Ordnung war, weil unsere Eltern die meisten Probleme für uns lösten.
Aber kein Weg führt mehr zurück. Der Versuch, ewig ein Dreijähriger zu bleiben, muss scheitern. Wer Schwierigkeiten generell vermeidet und lieber den Kopf in den Sand steckt, benutzt ihn auf die falsche Art. So verschwinden die Probleme nicht.
Ähnlich verhält es sich mit dem Versuch, die Lösung immer wieder aufzuschieben. Ein Grund dafür ist mangelnder Optimismus. Man glaubt nicht dran, an seiner misslichen Lage etwas ändern zu können. Manchmal fehlt es an der Motivation zur Veränderung. Man sieht nur die mögliche Mühe, die man aufwenden muss, aber nicht die Vorteile, die eine Lösung der Probleme mit sich bringen würde. Es kann am fehlenden Selbstvertrauen liegen. Man spricht sich die Fähigkeit ab, mit Schwierigkeiten fertig zu werden. Immer mehr Bedeutung bekommen aber auch die vielen Ablenkungen, denen man heute ausgesetzt ist. Dadurch wird es schwierig, sich auf die Schritte zur Veränderung zu konzentrieren.

Die erstbeste oder die erstschlechteste Lösung?

Wenn man beschlossen hat, ein Problem zu lösen, möchte man am liebsten gleich losstürmen. Blinder Aktionismus ist die zweite Strategie beim Problemlösen, die leider nicht funktioniert.
Tatkräftige, durchsetzungsfähige Menschen werden Macher genannt. Sie haben in unserer Gesellschaft einen guten Ruf. Leider neigen sie dazu, nicht lange zu überlegen oder mögliche Lösungen mit anderen zu diskutieren, sondern sofort zur Tat zu schreiten. Diese Strategie gleicht dem Spiel mit dem Feuer. Es kann gut gehen. Meist schlägt unüberlegtes Handeln jedoch fehl. Im schlimmsten Fall hat man danach aus einem Problem zwei, drei oder mehr gemacht.
Krisenmanagement ist oft nicht mehr als eine Kombination der beiden falschen Strategien. Erst schiebt man die Probleme so lange auf, bis aus kleinen Problemen große geworden sind, und dann greift man zur erstbesten Lösung, um sofort zu handeln. Das mag manchen großartig erscheinen, geradezu heldenhaft. Auf Dauer ist diese Strategie jedoch verheerend.
Denken Sie nur an die Politik. Hand in Hand mit der Wirtschaft haben maßgebliche Politiker auf die Atomenergie gesetzt, ohne ein Konzept zur Beseitigung des Atommülls zu haben. Das ist so, als würde man mit einem Flugzeug starten, ohne über eine Landebahn zu verfügen.
Nicht viel besser sieht es mit der Verkehrspolitik aus. Es werden immer mehr Autos gebaut. Die Staus werden länger und länger. Aber niemand scheint sich überlegen zu

wollen, wo das alles enden soll. Man wurschtelt einfach so vor sich hin.
Ein letztes Beispiel: Die Produktivität der Wirtschaft ist durch Automation seit Jahrzehnten enorm gewachsen. Deshalb werden logischerweise immer weniger Menschen zur Arbeit in der Landwirtschaft, in der Industrie und im Dienstleistungsbereich gebraucht. Trotzdem weigern sich fast alle Politiker, über eine neue Verteilung der Arbeit und des Volkseinkommens nachzudenken. Stattdessen werden eilig immer wieder neue erstschlechteste Scheinlösungen präsentiert. Es triumphiert der blinde Aktionismus.
Lassen Sie uns nicht diesen Beispielen folgen. Sowohl das Leugnen von Schwierigkeiten als auch unüberlegtes Handeln sind ungeeignete Strategien. Um aus Krisen herauszukommen, ist Fantasie gefragt. Kreativität ist zum Glück die größte Stärke der LebenskünstlerInnen.

Brainstorming

Jede Problemlösung beginnt mit einer Idee. Wie wir gesehen haben, ist es jedoch nicht besonders vorteilhaft, mit der erstbesten Idee zu starten. Diese kann, muss aber nicht, die Lösung bringen. Sie befriedigt vor allem das Bedürfnis, das Problem sofort anzupacken.
Deshalb sollte man erst einmal so viele Ideen wie möglich sammeln, bevor man sich in Aktivitäten stürzt. Für diesen Prozess hat sich der Begriff »Brainstorming« etabliert. Die meisten dürften irgendwann in ihrem Leben diese Metho-

de einmal angewendet haben. Aber nur wenige benutzen sie systematisch, wenn es gilt, ein Problem zu lösen.

Brainstorming funktioniert am besten, wenn man die folgenden Regeln berücksichtigt:

1. Quantität geht vor Qualität
Erst einmal kommt es darauf an, seiner Kreativität freien Lauf zu lassen. Je mehr Ideen man hat, desto größer ist die Wahrscheinlichkeit, dass eine dabei ist, mit der man das Problem tatsächlich lösen kann. Die Einfälle nur so sprudeln zu lassen, ist in dieser Phase entscheidend. LebenskünstlerInnen macht es Spaß, sich etwas einfallen zu lassen. Das Leben bekommt angesichts von Herausforderungen eine gewisse Leichtigkeit, wenn man seine Fantasie spielen lässt. Die Einfälle dürfen ruhig etwas verrückt sein. Hauptsache, die Liste wird immer länger. Es empfiehlt sich, alles aufzuschreiben. Sonst verliert man schnell den Überblick. Wenn Sie mögen, können Sie andere einladen, sich an Ihrer Suche nach Lösungen zu beteiligen. Zunächst sollte aber jeder für sich seine Einfälle aufschreiben. Anschließend kann man sie austauschen. Oft stellt man dabei fest, dass sich verschiedene Ideen miteinander kombinieren lassen. So entstehen zusätzliche Alternativen.
Finden Sie zehn, hundert oder tausend mögliche Lösungen. Hören Sie nicht auf, bevor Sie eine bestimmte Zahl, die Sie sich gesetzt haben, erreichen. Fällt Ihnen nichts mehr ein, machen Sie eine Pause. Bewegen Sie sich. Denken Sie an etwas anderes. Sobald Ihr Geist wieder frisch ist, nehmen Sie sich ein neues Blatt Papier und notieren die nächsten Einfälle.

2. Erst kreativ sein, dann bewerten

Wenn man eine Idee sofort beurteilt, kann sich leicht ein negatives Klima einstellen, das die Kreativität drosselt. Stellen Sie sich vor, Sie machten einem anderen Vorschläge. Sagt dieser nichts als »Nein, nein, nein«, dann verlieren Sie bald die Lust weiterzumachen. Genauso ist es, wenn Sie selbst Lösungsmöglichkeiten suchen. Reagieren Sie auf Ihre Ideen nur mit »Taugt nichts, taugt nicht, taugt nichts«, werden Sie nach kurzer Zeit aufgeben. Deshalb müssen Sie die Einfälle so aufschreiben, wie Sie kommen, ohne jede Kritik. Denken Sie nicht darüber nach. Das kommt später. Fragen Sie stattdessen nur immer wieder: »Was könnte ich sonst noch tun?«

3. Unterschiedliche Standpunkte einnehmen

Beim Sammeln von Ideen werden Sie merken, dass einige letztlich auf dasselbe hinauslaufen. Sie überlegen beispielsweise, wie Sie den neuen Computer, den Sie kaufen wollen, vom Geschäft nach Hause bekommen. Sie könnten ihn in Ihr Auto packen, sich ein Taxi nehmen, ihn in einem Anhänger Ihres Fahrrads transportieren, das Paket auf dem Rücken nach Hause tragen und so weiter. Dabei stellen Sie fest, dass alle Alternativen gemeinsam haben, dass Sie den Computer selbst befördern. Stattdessen könnten Sie sich das Gerät liefern lassen: vom Geschäftsinhaber, einem Transportdienst oder einem Internetanbieter. Sie könnten einen Freund bitten, Ihnen das Gerät zu besorgen. Das wäre eine andere Kategorie von Lösungen.

Es ist leichter, verschiedene Lösungsstrategien zu finden, wenn man sich überlegt, wie andere vorgehen würden: Was würde Tante Nelly tun, wenn sie sich einen neuen

Computer kaufte? Wie würde der Bundespräsident vorgehen? Was hätte Thomas Alva Edison an meiner Stelle gemacht? (Wahrscheinlich hätte er sich selbst einen Computer erfunden.) Denken Sie an Menschen mit ganz verschiedenen Lebenserfahrungen. So kommen schnell die unterschiedlichsten Lösungen zusammen.

Spielen Sie mit Ideen. Befreien Sie Ihre Fantasie. Entwickeln Sie Freude daran, sich etwas einfallen zu lassen.

Die Testphase

Als Nächstes bewerten Sie die Ergebnisse des Brainstormings. Es werden Ideen darunter sein, die ganz offensichtlich negative Folgen hätten oder schwierig auszuführen wären. Sie können in solchen Fällen überlegen, ob die Idee irgendwie zu retten ist, das heißt, ob sie so verändert werden kann, dass keine negativen Folgen eintreten oder die Ausführung in den Bereich des für Sie Möglichen fällt. Sonst müssen Sie sie eben streichen.
All diejenigen Einfälle, die das Problem lösen würden, keine unakzeptablen Konsequenzen hätten und ausführbar wären, kommen in die engere Wahl. Bei komplexeren Problemen ist es ratsam, die kurzfristigen und langfristigen Konsequenzen genauer zu durchdenken. Manche Lösungen scheinen attraktiv, weil sie sofort einen positiven Effekt hätten. Bei näherer Betrachtung stellt man jedoch fest, dass sie sich auf Dauer nicht auszahlen. Die Frage der Durchführ-

barkeit spielt ebenfalls eine wichtige Rolle. Einige Lösungen lassen sich sofort umsetzen. Andere brauchen vielleicht eine längere Vorbereitung.

Neben der rein verstandesmäßigen Beurteilung kommt der emotionalen eine große Bedeutung zu. Im Idealfall gefällt einem eine Lösung sowohl vom Kopf als auch vom Bauch her. Legt eine der beiden Seiten ein Veto ein, empfiehlt es sich, die Einwände genauer zu prüfen. Was steckt hinter dem unguten Gefühl? Muss man es ernst nehmen? Oder ist es nur die Angst vor dem Ungewohnten? Auch die rationalen Einwände fallen ins Gewicht. Manchmal zieht es einen gefühlsmäßig zu einem bestimmten Handeln, aber man weiß, dass man lieber die Hände davon lassen sollte. Dann ist es besser, dem Verstand zu folgen. In anderen Fällen lassen sich die rationalen Bedenken zerstreuen, wenn man die Sache gründlicher durchdenkt, und man kann getrost seinem Herzen folgen.

Perfektion sollte man von einem Vorschlag nicht unbedingt verlangen. Hundertprozentige Lösungen sind selten. Im Allgemeinen kann man gut damit leben, wenn man auf siebzig bis achtzig Prozent kommt. Aber auch das will gut durchdacht sein. Ist es wirklich empfehlenswert, einem Kompromiss zu folgen? Oder fährt man besser damit, weiter nach solchen Lösungen zu suchen, die man voll und ganz bejahen kann?

Viele Probleme lassen sich nur schrittweise lösen. Eine Teillösung, durch die man dem Ziel näher kommt, kann man annehmen und von da aus weiterschauen. Mit jedem Schritt verschiebt sich die Perspektive und es ergeben sich vielleicht Möglichkeiten, die am Anfang nicht voraussehbar waren. Deshalb sind langsame Annäherungen an das Ziel durchaus hilfreich.

Man kann immer etwas finden, was einen an einer Lösung stört. Deshalb muss man aufpassen, sich keine überkritischen Bewertungen zu eigen zu machen. Sie verhindern jeglichen Fortschritt. Wenn eine Lösung im Großen und Ganzen stimmt und keine gravierenden Nachteile hat, konzentriert man sich am besten auf die überwiegenden positiven Aspekte. Sonst folgt man einer Anleitung zum Unglücklichsein.

Jede Idee durchläuft zwei Testphasen. Erst spielt man die mögliche Lösung in Gedanken durch. Erscheint sie geeignet, qualifiziert sie sich für den Praxistest.

Wenn man alle Ideen durchdacht hat, gilt es, praktisch etwas zu tun. Der Übergang vom Denken zum Handeln ist ein kritischer Moment. Während einige sich voreilig in Aktionen stürzen und es ihnen schwerfällt, vorher verschiedene Lösungsmöglichkeiten zu prüfen, lieben andere das Durchdenken von Alternativen. Sie können sich danach nur mühsam aufraffen, alle notwendigen Schritte in die Realität umzusetzen. Wir sprachen bereits davon, dass der Aufbau und die Pflege eines gesunden Selbstvertrauens entscheidend ist. Man muss davon überzeugt sein, die Lösung ausführen zu können. Darüber hinaus muss man sie wirklich umsetzen wollen. Hier hilft nur, alle Motivationshindernisse aus dem Weg zu räumen und sich an die Vorteile zu erinnern, die die Lösung des Problems mit sich bringt.

Heureka!

Im Idealfall ist man am Ziel, nachdem man die vielversprechendste Idee ausprobiert hat. Dann hat man allen Grund, zu jubeln und sich zu freuen. Allzu schneller Erfolg hat allerdings eine Kehrseite: Man erwartet beim nächsten Mal, dass es ähnlich gut läuft, und wird empfindlicher gegen Misserfolge. Dabei ist es keineswegs typisch, dass man auf Anhieb Erfolg hat. Normalerweise muss man schon bei kleinen Problemen mehrere Anläufe unternehmen, bis es klappt.

Denken Sie nur mal daran, wie lange es gedauert hat, bis Sie laufen, sprechen, sich die Schuhe zubinden oder mit Besteck essen konnten. Kinder kennen es gar nicht anders, als dass sie lange üben müssen, bis sie etwas bewältigt haben. Seltsamerweise glaubt man später, die Dinge müssten einem zufallen!

Vor Kurzem las ich ein Interview mit Quincy Jones, dem amerikanischen Musikproduzenten, der mit Michael Jackson so gigantisch erfolgreiche Alben wie »Thriller« und »Bad« geschaffen hat. Darin sagt er, dass jeder lüge, der behaupte, dass man solche Erfolge planen könne. Man könne lediglich Alben aufnehmen, die einem möglichen Welterfolg nicht im Wege stünden.

Dies trifft eigentlich auf alles zu, was man unternimmt. Man kann lediglich sein Bestes tun, um ein Ziel zu erreichen beziehungsweise ein Problem zu lösen. Man kann verhindern, dass man sich selbst im Weg steht. Aber man kann Lösungen nicht erzwingen. Es geht nur über Versuch und Irrtum. Kreative Menschen sehen darin keinen Nachteil.

Es ist Teil dessen, was Spaß macht. Man ist neugierig, wie es ausgehen wird, ob es beim nächsten Mal klappen wird. Misserfolge nimmt man nicht persönlich. Sie bedeuten nur, dass man es wiederholt versuchen muss, vielleicht dreimal oder auch hundertmal, so oft eben, bis man es geschafft hat.

Für LebenskünstlerInnen sind Probleme so etwas wie Rätsel. Man muss unter Umständen jahrelang daran tüfteln. Aber genau das macht den Reiz aus. Vielleicht haben Sie sich schon mal gefragt, wie WissenschaftlerInnen, ErfinderInnen, SportlerInnen und andere es schaffen, so ausdauernd an ihren Zielen zu arbeiten, ob es nicht entmutigend ist, es immer und immer wieder versuchen zu müssen. Tatsächlich trifft es zu, dass sie gelegentlich frustriert sind. Aber wenn Sie sich vor Augen halten, dass diese Menschen derartige Probleme extra suchen, um eine Herausforderung zu bestehen – so ähnlich wie bei »Mensch ärgere dich nicht« –, dann verstehen Sie vielleicht, warum sie nicht nur in der Lage sind, ihr »Spiel« unermüdlich fortzusetzen, sondern sogar das Bedürfnis verspüren, sich sofort eine neue Herausforderung zu suchen, sobald das ursprüngliche Problem gelöst ist.

Vorhin erwähnte ich Thomas Alva Edison. Er gilt zu Recht als herausragendes Beispiel für unerschöpfliche Kreativität. Mit jedem »Fehlschlag« kam er seinem Ziel einen Schritt näher. Er erkannte immer besser, was nicht funktioniert, und zog daraus Schlüsse für den nächsten Versuch. Die Erfindung der elektrischen Glühbirne war nicht das Ergebnis eines einzigen Geistesblitzes, sondern in Wirklichkeit ein jahrelanger Optimierungsprozess.

In der Regel wird kreative Ausdauer belohnt. Das Überwinden von Hindernissen ist ein wesentlicher Teil des Lebensspiels. Erinnern Sie sich, dass es darum geht, Spaß dabei zu haben? Wer allzu verbissen an seinen Problemen arbeitet, verliert bald die Lust. Was eigentlich schade ist; denn dadurch bringt man sich um die Freude, am Ende »Ich hab's!« zu rufen.

Wenn ich einmal reich wär

Ja, was wäre dann? Glauben Sie, dass Ihre Probleme dann gelöst wären? Ein sorgloses Leben dank Geld? So verspricht es die Werbung. Mit der Realität hat das wenig zu tun. Dahinter steht die Vorstellung, dass es mithilfe von Geld möglich wäre, die Welt nach den eigenen Vorstellungen einzurichten. Das ist eine Illusion.

Gesundheit zum Beispiel kann man entgegen einer weitverbreiteten Ansicht nicht kaufen. In der Regel bleibt man gesund, wenn man sich richtig ernährt, ausreichend bewegt, genug schläft, mit Stress umgehen kann, Zigaretten ganz und Alkohol weitgehend meidet. Es gibt keinen Ersatz für einen gesunden Lebensstil. Man kann ihn sich nicht in Pillenform verabreichen. Ärzte können in vielen Fällen Kranke am Leben halten, aber sie können sie nicht gesund machen. Der Arzt behandelt, die Natur heilt. Ohne die genannten Voraussetzungen geht es langsam, aber stetig bergab. Vitalität ist etwas anderes als das, was Medikamente bewirken können.

Beziehungen kann man ebenfalls nicht kaufen. Es ist vielleicht möglich, jemanden mit Geld an sich zu binden. Aber dadurch entsteht keine innere Beziehung. Arbeitgeber »kaufen« sich Angestellte. Sie bezahlen sie dafür, dass sie für sie arbeiten. Wenn Geld im Arbeitsverhältnis alles ist, gehen die Arbeitnehmer, sobald ihnen ein anderer mehr bietet. Genauso ist es mit Beziehungen im Privatleben, die nur auf Geld gegründet sind.

Wer reich ist, hat weiterhin Probleme, bloß andere, und sei es nur die Furcht, den Reichtum zu verlieren. Deshalb kreisen die Gedanken der Reichen so oft darum, wie sie ihr Geld anlegen, vermehren, schützen können. Dabei sollte es eigentlich ein Mittel für andere Zwecke sein. Für viele ist es leider zum Selbstzweck verkommen.

Die Summe der Probleme bleibt immer gleich. In einer problemlosen Welt könnten wir nicht leben. Wir würden uns welche schaffen. Was viele auch tatsächlich tun. Ich denke da beispielsweise an verschiedene Firmen, in denen ich gearbeitet habe. Einige der leitenden Angestellten waren nur damit beschäftigt, Probleme zu erfinden. Sonst hätten sie nichts zu tun gehabt und wären entlassen worden.

Unternehmer suchen Probleme, um neue Märkte zu schaffen. Wenn es echte Bedürfnisse sind, die befriedigt werden sollen, ist das äußerst verdienstvoll. Nicht selten versuchen sie jedoch mithilfe der Werbung anderen nur einzureden, dass sie bestimmte Produkte unbedingt brauchen, um glücklich zu werden.

Ärzte sind im Erfinden von Krankheiten ebenfalls sehr kreativ. Erinnern Sie sich noch an die Vogelgrippe? Oder die Schweinegrippe? Angeblich schlimme, die Menschheit bedrohende Seuchen. Eine schamlose Übertreibung! Jedes Jahr kommen neue Medikamente auf den Markt. Ein

Großteil ist nach Ansicht von unabhängigen Experten und Verbraucherorganisationen entweder gar nicht oder nur wenig hilfreich.

Kennen Sie den Spruch: Lehrer helfen uns, die Probleme zu lösen, die wir ohne sie nicht hätten? Zumindest ein Körnchen Wahrheit ist wohl daran, vielleicht sogar mehr als das. Deshalb ist auch das Schulwesen eine Institution, die viele Probleme künstlich erschafft.

Der Psychotherapeut und Autor Paul Watzlawick hat sich gerne darüber lustig gemacht, dass die amerikanischen Psychologen mit einem Federstrich Millionen Menschen »geheilt« haben, indem sie Homosexualität aus dem Katalog der psychischen Erkrankungen gestrichen haben. Dazu sei angemerkt, dass die Liste trotzdem mit jeder neuen Auflage des Verzeichnisses länger wird.

Journalisten wären schnell arbeitslos, wenn sie nicht täglich über neue Krisen sowie die altbekannten Konflikte schreiben könnten. Indem sie die verschiedenen Beteiligten zu Wort kommen lassen, gewinnen sie ihren Themen immer wieder neue Seiten ab. Da jedes einigermaßen nennenswerte Problem von den Betroffenen, aber auch von den Experten kontrovers gesehen wird, was Beschreibung, Entstehung und Lösungsmöglichkeiten angeht, sorgt die entsprechende Berichterstattung dafür, dass die Debatte nie endet – es sei denn die Beteiligten werden des Problems irgendwann überdrüssig.

Wohl kaum eine Berufsgruppe ist frei davon, Probleme zu konstruieren und am Leben zu halten. Als letzte Beispiele seien nur noch das Militär und die Polizei genannt. Besonders wenn es darum geht, riesige Summen für neue Ausrüstung auszugeben, werden weltweit die Gefahren der

Kriminalität, des Terrorismus und die Bedrohung durch fremde Staaten hochgespielt.
Dabei sind die Angehörigen eines Berufs im Allgemeinen fest davon überzeugt, dass sie das Ausmaß und die Gefahren »ihrer« Probleme keineswegs dramatisieren, sondern vollkommen realistisch einschätzen. Das ist einfach ein Teil des Spiels. Es wird nicht gerne gesehen, dass ein Mitglied der eigenen Gruppe aus der Rolle fällt und die Dinge entspannter sieht.
Viele Risiken, die man bei nüchterner Betrachtung eher als geringfügig einstufen würde, sind in unserem Bewusstsein sicherlich überrepräsentiert. Gefahren, die durch Unfälle im Haushalt und im Straßenverkehr drohen, werden dagegen heruntergespielt, obwohl die Verletzungen und Todesfälle jährlich in die Hunderttausende gehen.
Sie sehen ein weiteres Mal: Ob man etwas für ein Problem hält, ist vor allem eine Frage der Bewertung. Geld ändert daran nichts. Ganz im Gegenteil: Um Geld zu verdienen, werden Probleme extra gesucht oder sogar erfunden.
Das Lebensspiel hält für jeden genügend wirkliche und eingebildete Schwierigkeiten bereit. Vermögen ist ein Element in diesem Spiel. Es schützt vor manchen Problemen, schafft aber gleichzeitig neue. Die Wirkung von Reichtum wird generell überbewertet. Das haben auch die Glücksforscher festgestellt. Geld macht tatsächlich glücklich, solange es dazu dient, Menschen von Armut zu befreien. Darüber hinaus trägt es zum Glück nur noch wenig bei.
Interessanterweise ist Gleichheit viel besser geeignet, das Glück der Menschen zu mehren. Die beiden Wissenschaftler Richard Wilkinson und Kate Pickett haben herausgefunden, dass Gesellschaften, in denen der Abstand

zwischen den Armen und Reichen weniger groß ist, glücklicher sind als diejenigen mit krassen Vermögensunterschieden.

Wahrscheinlich ist das einer der Gründe, warum LebenskünstlerInnen nicht wie wild hinter dem Geld her sind. Sie versuchen, derartigen Illusionen zu entgehen. Das Bild vom armen, aber glücklichen Clochard, der selig unter einer Brücke lebt, ist ein Mythos. Aber die Darstellung des Millionärs, der angeblich sämtlicher Probleme enthoben ist, ist ebenso falsch. Abgesehen von einem Grundeinkommen sind andere Dinge als Geld wichtiger. Zum Beispiel Kreativität.

Kreativität ist durch nichts zu ersetzen, auch nicht durch Geld. Wenn man sie einsetzt, um Probleme zu lösen, anstatt sie zu erfinden, ist man auf dem Weg des Lebenskünstlers wieder einen entscheidenden Schritt weiter.

Himmel oder Hölle

Das Gegenteil von Lebenskunst

Jeder muss entscheiden, welchen Weg er im Leben gehen will. Zum Glück entfernen sich die wenigsten auf Dauer von den fünf Eigenschaften, die ich in diesem Buch beschrieben habe; denn sie würden in der Hölle landen. Genauso wenige gehen den Weg des Lebenskünstlers konsequent. Er führt in den Himmel. Die meisten bewegen sich irgendwo zwischen Himmel und Hölle, das heißt sie streifen gelegentlich den Weg des Lebenskünstlers, können sich aber nicht dazu aufraffen, ihm entschieden zu folgen. Um der Klarheit willen möchte ich die beiden Alternativen noch einmal aufzeigen.
Mag sein, dass die Begriffe »Himmel« und »Hölle« etwas dramatisch klingen. Sie beziehen sich jedenfalls nicht auf ein Jenseits, sondern bezeichnen das Glück oder Unglück, das sich als Folge des jeweils gewählten Wegs ergibt.

Auf jeden Fall ist das Gegenteil von Lebenskunst höchst unerfreulich. Es ist gekennzeichnet durch fünf Merkmale:

1. Stress
Wer meint, dass ausschließlich die Umstände für Ängste, Sorgen, Ärger und Enttäuschungen verantwortlich sind, irrt. Stress ist kein neues Phänomen. Seit es Menschen gibt, müssen sie sich den Herausforderungen des Lebens stellen.

Das ist nicht immer leicht. Im Gegenteil: Oft hat man das Gefühl, überfordert zu sein. Leider neigt man in solchen Momenten dazu, sich nicht mehr an die Tatsachen zu halten, sondern durch negative Bewertungen der Situation alles noch wesentlich schlimmer zu machen. Dadurch entsteht unnötiger Stress, den man sich besser erspart.

2. Unglücklichsein
Wenn man das Gute, Schöne und Wahre nicht beachtet, das trotz aller gegenteiligen Erscheinungen überall vorhanden ist, macht man sich unglücklich. Es passieren Dinge, auf die man traurig, verärgert oder besorgt reagiert. Das ist nicht das Problem. Aber indem man auf Dauer nichts anderes mehr zur Kenntnis nimmt, macht man sich das Leben schwerer, als es sein müsste.
Verzichtet man darauf, sein Leben aktiv zu gestalten, wird man zum Spielball äußerer Geschehnisse. Kein Wind ist demjenigen günstig, der nicht weiß, wohin er segeln will. Man muss sich seine Ziele überlegen und die Segel entsprechend setzen. Sonst treibt man durchs Leben, ohne Orientierung, ohne Sinn, mehr oder weniger unglücklich. Bedauerlicherweise ist es leichter, sich treiben zu lassen, als das Ruder in die Hand zu nehmen.

3. Schwere
Damit ist das Gegenteil von Spielfreude gemeint. Viele nehmen das Leben zu ernst. Sie glauben, es sei ein Überlebenskampf. Richtig daran ist lediglich, dass es Situationen gibt, in denen man kämpfen muss, ausnahmsweise sogar um sein Leben. Aber der Regelfall ist dies nicht. Das Universum ist konstruktiv. Zerstörung ist die Ausnahme.

Wäre es anders, hätte sich niemals Leben entwickeln können. Die Chance des Gelingens muss fünfzig Prozent übersteigen. Sonst ginge die Rechnung nicht auf.
Diese erfreuliche Tatsache gibt allen recht, die meinen, das Universum sei grundsätzlich freundlich. Wenn man daran vorbeisieht, scheint einem die Erde ein unwirtlicher Ort zu sein. Man wird misstrauisch und ist ständig auf Notfälle eingestimmt. Spielfreude wird bei einer solchen Einstellung zum Fremdwort. Das Motto »Mensch ärgere dich nicht« hält man dann nur noch für einen schlechten Witz.

4. Pessimismus

Diejenigen, die den Weg zur »Hölle« nehmen, halten Probleme für den sicheren Beweis, dass das Leben kein Spiel ist. Sie erwarten immer das Schlechteste. Auf diese Weise wird ihre Annahme zu einer sich selbst erfüllenden Überzeugung. In Studien hat sich gezeigt, dass Pessimisten günstige Gelegenheiten nicht erkennen. Sie übersehen buchstäblich das Glück, das vor ihrer Nase liegt.
Nicht viel besser dran sind die Schönwetter-Optimisten. Sie glauben nur an ein glückliches Ende, solange alles gut geht. Sobald sich der Wind dreht – also gerade dann, wenn sich ihr Optimismus zeigen müsste –, verlieren sie das Vertrauen in die Zukunft.

5. Fantasielosigkeit

»Das war immer so«, »Das wird immer so bleiben«, »Es gibt keine Alternative dazu«, »Das Leben ist nun einmal so«, »Daran kann man nichts ändern«: So äußern sich vorzugsweise die Nicht-LebenskünstlerInnen. Ihnen fehlt die Fantasie, sich etwas anderes vorzustellen. Visionen halten

sie für eine Krankheit. Dabei beginnt alles mit einer Idee, egal ob man ein Haus bauen, einen Film drehen oder sich einfach eine Tasse Kaffee aus der Küche holen will. Um ein interessantes Leben zu führen, braucht man eine Menge Kreativität.
Wer sich keine Alternativen ausmalen kann, muss weitermachen wie gewohnt: immer dieselben Gedanken, Gefühle und Handlungen. Gewohnheiten – vor allem die schlechten – behält man dann ein Leben lang. Keine Chance auf Veränderung!

Beim Lesen über diese selbst gestrickte Hölle fühlen Sie sich hoffentlich etwas unwohl. Anti-Lebenskunst hat nichts Attraktives. Umso erstaunlicher ist es, dass so viele diesen Weg gehen.
Aber es muss nicht dabei bleiben, denn ...

Der Weg des Lebenskünstlers

... der Weg des Lebenskünstlers steht jedem offen. Es ist nie zu früh und nie zu spät, den ersten Schritt zu machen.

Hier sind noch einmal die wesentlichen Punkte:

- Lebenskunst ist keine superraffinierte Methode, leicht und angenehm Reichtum und Anerkennung zu erwerben. Nein, es ist kein Trick dieser Art. Lebenskunst schließt materiellen Erfolg nicht aus. Aber wer sich mit beiden Händen an das Materielle klammert, für den ist dieser Weg nichts. Diese Erkenntnis ist in dem Gleichnis veranschaulicht, das am Anfang des Buchs steht. Man muss loslassen können, um die Freuden des Lebens zu genießen.

- Wer heute nicht zufrieden ist, wird es aller Wahrscheinlichkeit nach auch morgen nicht sein. Es scheint immer etwas zwischen einem selbst und der Zufriedenheit zu stehen. Zu viele Menschen warten darauf, dass erst bestimmte Bedingungen erfüllt sein müssen, bevor sie anfangen können, glücklich zu sein. Dieser Tag, an dem alles so ist, wie sie es sich erträumen, kommt nie. Und wenn doch, dann ist er schnell wieder vorbei. Die Kunst besteht deshalb darin, trotz aller gegenwärtigen Widrigkeiten täglich die Dinge zu entdecken, die erfreulich sind.
- Fast jeder hat zwei Stimmen in seinem Kopf, die es einem schwer machen, ein Lebenskünstler zu sein. Die eine wollen wir den Miesmacher, die andere den kleinen Diktator nennen. Der Miesmacher lenkt die Aufmerksamkeit auf das Negative. Das Positive macht er schlecht. Er spielt es herunter oder bewertet es in irgendeiner Weise negativ. Er arbeitet Hand in Hand mit dem kleinen Diktator. Dieser stellt unaufhörlich Forderungen. Man selbst, die anderen, die Welt: Alles muss irgendwie besser werden. Sonst könne man nicht zufrieden sein. Das hört sich zum Beispiel so an:
  Der Miesmacher: »Was? Du glaubst, dass du etwas geschafft hast? Das ist doch gar nichts.«
  Dann kommt der kleine Diktator hinzu: »Du musst erst noch: …«
  Ad infinitum.

Widersprechen Sie diesen Stimmen. Falls sie keine Ruhe geben, beachten Sie sie nicht weiter. Wenn der Miesmacher und der kleine Diktator merken, dass Sie sich von ihnen nicht mehr beeindrucken lassen, hören sie irgendwann auf.

- Das Leben ist ein Spiel. Man spielt, um Spaß zu haben. Jeder Gewinn ist ein Bonus. Ein Spiel muss ein Ziel haben, aber letztlich geht es um den Weg.
  Ob das Leben wirklich ein Spiel ist: Darüber gehen die Meinungen weit auseinander. Das ist jedoch Teil des Spiels. Durch die Vielfalt der Standpunkte wird es nie langweilig.
- Das Lebensspiel ist nicht neu. Seit Menschen auf dieser Erde leben, ist es in Gang. An den Grundtatsachen wie Geburt und Tod ändert sich nichts. Aber die äußeren Umstände wandeln sich ständig. Für Europa gilt im Moment etwa Folgendes: Mussten frühere Generationen Hunger, Seuchen, wilde Tiere und plündernde Banditen oder Kriegsheere fürchten, so leiden wir heute unter einer Reizüberflutung durch Handy, Internet, TV, Radio, DVD und MP3-Player. Hinzu kommen immer höhere Anforderungen am Arbeitsplatz und in der Familie. Sie kennen die Stichwörter: Wirtschafts- und Finanzkrisen, überschuldete Haushalte, Hartz IV, Arbeitslosigkeit, Terrorismus und vieles mehr.
  Aber die Kulissen, Schauspieler und Darbietungen werden sich mit der Zeit wieder ändern. Einiges wird besser werden. Neue Probleme werden hinzukommen. Jede Zeit hat ihre speziellen Herausforderungen.
- Suchen Sie sich Vorbilder. Es leben genug LebenskünstlerInnen auf der Welt. Selten sind es diejenigen, die die

Schlagzeilen beherrschen. Es sind eher die Unauffälligen, weil sie an Geld, Status und Ruhm nicht sonderlich interessiert sind, also keines der Themen bedienen, für die sich die Medien interessieren. Vielleicht haben Sie das Glück, in Ihrer Nähe welche zu finden.

Man kann aber auch viel von denen lernen, die das Gegenteil von Lebenskunst praktizieren. Durch abschreckende Beispiele begreift man schnell, was man auf keinen Fall denken und tun sollte.

- Wie auch immer Sie Ihr Leben gestalten wollen, spielen Sie das Spiel des Lebens bewusst. Sie haben jederzeit Wahlmöglichkeiten. (Die Meinung, keine zu haben, ist selbst das Ergebnis einer – wenn auch meist unbewussten – Wahl.)
- Der Weg des Lebenskünstlers führt in den Himmel. Das heißt, er bringt einem so viel Gelassenheit, Lebenslust, Spielfreude, Optimismus und Kreativität, wie überhaupt nur möglich ist. Bedenken Sie aber, dass niemand auslernt. Falls Sie die Eigenschaften eines Lebenskünstlers zu siebzig bis achtzig Prozent erfüllen, können Sie sich glücklich schätzen.

Damit sind wir am Ende des Buchs angelangt. Jetzt heißt es für mich, Ihnen Lebewohl zu sagen. Selten hat es mir so viel Spaß gemacht, ein Buch zu schreiben. Ich hoffe, dass sich dieses Gefühl auf Sie übertragen hat und Sie sich ermutigt fühlen, den Weg des Lebenskünstlers zu wählen beziehungsweise fortzusetzen. Es gibt nichts Befriedigenderes!

Literatur

Ellis, Albert: Training der Gefühle. Wie Sie sich hartnäckig weigern, unglücklich zu sein. Heidelberg 2006

Emery, Gary: *Rapid relief from emotional distress. A new, clinically proven method for getting over depression & other emotional problems without prolonged or expensive therapy.* New York 1986

Epiktet: Handbüchlein der Moral und Unterredungen. Stuttgart 1984

Gendlin, Eugene T.: *Focusing. Selbsthilfe bei der Lösung persönlicher Probleme.* Reinbek bei Hamburg 2007

Hohensee, Thomas: Entspannt wie ein Buddha. Die Kunst, über den Dingen zu stehen. München 2011

Nezu, Arthur M./Maguth Nezu, Christine/D'Zurilla, Thomas J.: *Solving life's problems. A 5-step guide to enhanced well-being.* New York 2007

Werner, Götz/Goehler, Adrienne: *1000 € für jeden. Freiheit. Gleichheit. Grundeinkommen.* Berlin 2010

Wilkinson, Richard/Pickett, Kate: *Gleichheit ist Glück. Warum gerechte Gesellschaften für alle besser sind.* Berlin 2009